글 고희정

이화여자대학교에서 과학 교육을 전공하고 석사 학위를 받았습니다.
중고등학교와 대학교에서 과학을 가르치고, 방송 작가로 일하며 《딩동댕 유치원》,
《방귀대장 뿡뿡이》, 《생방송 톡톡 보니하니》, 《뽀뽀뽀》, 《꼬마요리사》, EBS 다큐프라임
《자본주의》, 《부모》, 《인문학 특강》 등의 프로그램을 만들었습니다. 지은 책으로
《어린이 과학 형사대 CSI》, 《어린이 사회 형사대 CSI》, 《의사 어벤저스》,
《신통하고 묘한 고양이 탐정》, 《육아 불변의 법칙》, 《훈육 불변의 법칙》 등이 있습니다.

그림 최미란

서울시립대학교에서 산업디자인을, 같은 학교 대학원에서 일러스트레이션을
공부했습니다. 특유의 집중력으로 여러 어린이책에 개성 강한 그림을 그렸습니다.
그린 책으로 《글자동물원》, 《탁구장의 사회생활》, 《귀신 학교》, 《슈퍼맨과 중력》,
《독수리의 오시오 고민 상담소》, 《초능력》, 《삼백이의 칠일장》, 《이야기 귀신이 와르릉
와르릉》, 《슈퍼 히어로의 똥 닦는 법》, 《겁보 만보》, 《무적 말숙》, 《백점 백곰》 등이,
쓰고 그린 책으로 《집, 잘 가꾸는 법》, 《우리는 집지킴이야!》가 있습니다.

감수 신주영

서울대학교 법대를 졸업하고 사법 시험에 합격해 현재 법무 법인 대화 소속
변호사입니다. 어렸을 때 책을 읽으며 느끼는 행복감이 커서 작가가 되고 싶다는 꿈이
있었는데 변호사 10년 차에 법정 경험담을 소재로 《법정의 고수》를 출간하면서
작가로도 활동하고 있습니다. 《세빈아, 오늘은 어떤 법을 만났니?》, 《헌법 수업》,
《옛이야기로 만나는 법 이야기》, 《질문하는 법 사전》, 《우리가 꼭 알아야 할 법 이야기》,
《대혼돈의 사이버 세상 속 나를 지키는 법》 등 법률가로서의 경험을 살려 법을 매개로
사람과 사회를 들여다보는 책들을 썼습니다.

어린이 법학 동화

변호사 어벤저스
7 식품 위생법, 양심을 지켜라!

초판 1쇄 발행 2025년 6월 25일
초판 2쇄 발행 2025년 11월 21일

지은이 고희정
그린이 최미란
감　수 신주영

펴낸이 김남전
편집장 유다형 | 기획·책임편집 임형진 | 편집 이경은 김성윤 김선경 | 디자인 권석연
마케팅 정상원 한웅 정용민 김건우 | 경영관리 김경미

펴낸곳 ㈜가나문화콘텐츠 | 출판 등록 2002년 2월 15일 제10-2308호
주소 경기도 고양시 덕양구 호원길 3-2
전화 02-717-5494(편집부) 02-332-7755(관리부) | 팩스 02-324-9944
홈페이지 ganapub.com | 인스타그램 instagram.com/ganapub1
페이스북 facebook.com/ganapub1

ISBN 979-11-6809-128-3 (74810)
　　　979-11-6809-121-4 (세트)

ⓒ 2025, 고희정 최미란 임형진

※ 책값은 뒤표지에 표시되어 있습니다.
※ 이 책의 내용을 재사용하려면 반드시 저작권자와 ㈜가나문화콘텐츠의 동의를 얻어야 합니다.
※ 잘못된 책은 구입하신 서점에서 바꾸어 드립니다.
※ '가나출판사'는 ㈜가나문화콘텐츠의 출판 브랜드입니다.

- 제조자명: ㈜가나문화콘텐츠
- 주소 및 전화번호: 경기도 고양시 덕양구 호원길 3-2 / 02-717-5494
- 제조연월: 2025년 11월 21일
- 제조국명: 대한민국
- 사용연령: 4세 이상 어린이 제품

가나출판사는 당신의 소중한 투고 원고를 기다립니다. 책 출간에 대한 기획이나 원고가 있으신 분은
이메일 ganapub@naver.com으로 보내 주세요.

변호사 어벤저스

❼ 식품 위생법, 양심을 지켜라!

글 고희정 ✦ 그림 최미란 ✦ 감수 신주영

식품 ... 18 식품 위생법 ... 26 근로자 ... 30
대통령 ... 34 근로 기준법 ... 36

임금 ... 42 행정 처분 ... 44 음식물 재사용은 불법? ... 48
어린이는 계약을 할 수 없다? ... 52 악성 댓글 ... 64

농수산물 ... 72 농수산물의 원산지 표시 등에 관한 법률 ... 74
포상금 ... 78 증거 인멸죄 ... 82 평등의 시대를 연 브라운 재판 ... 90

식품에서 이물이 나오면? ... 102

어린이 식생활 안전 관리 특별법 ... 110

불량 식품 ... 112

싱가포르 껌 금지법 ... 116   민원 ... 118

블랙 컨슈머 ... 134   체포 ... 138

실체법과 절차법 ... 142   헌법 ... 148

조선 시대의 경찰서는? ... 150

"나올 때가 됐는데······."

하소연 사무장이 벽에 걸린 시계를 보며 혼잣말을 했다. 오후 3시 30분, 이맘때쯤이면 일을 하다 출출해질 시간이기 때문이다. 아니나 다를까, 제일 먼저 유정의가 방에서 나오며 하 사무장을 쳐다봤다. 뭔가 먹을 게 없느냐는 표정이다.

하 사무장이 반기며 물었.

"뭐 좀 드릴까요?"

유정의가 싱긋 웃으며 대답했다.

"아, 네."

그때, 양미수도 나와 말했다.

"저도요. 헤헤."

하 사무장이 책상 위에 놓인 빵 봉지를 들어 보이며 말했다.

"짠! 제가 오늘은 특별히 '맛빵'의 빵을 준비했답니다."

유정의와 양미수가 눈이 동그래지며 반겼다.

"우와, 맛있겠다!"

"감사합니다."

맛빵은 동네에서 맛있기로 유명한 빵집이다. 하 사무장이 빵 봉지를 들고 휴게실로 향하자, 아이들도 따라갔다. 하 사무장이 빵 봉지를 열고, 여러 종류의 빵을 꺼내 놓았다.

"입맛대로 골라 드세요."

"아, 뭐 먹지? 다 맛있는데……."

양미수가 고민하더니, 슈크림빵을 집었다. 유정의는 크루아상을 집었는데……. 언제 왔는지, 이범도 크루아상을 집으며 말했다.

"저도 먹어도 되죠?"

"그럼요, 단팥빵만 남겨 두시면 됩니다."

양미수가 하 사무장 말의 의도를 눈치채고 말했다.

"아, 대표님이 단팥빵을 제일 좋아하시죠!"

"맞아요! 맛빵의 단팥빵이라면, 자다가도 벌떡……."

하 사무장이 웃으며 말하는데, 그때였다.

"벌떡은 무슨!"

우렁찬 목소리에 돌아보니, 한 대표가 서 있었다. 한 대표가 단팥빵을 집으며 말했다.

"내가 언제 벌떡 일어났습니까? 살~짝 일어났지."

한 대표의 너스레에 모두 웃음이 터졌다.

"하하."

시끄러운 소리에 권리아도 합류했다.

"저만 빼고 맛있는 거 드시는 거예요?"

하 사무장이 빵을 가리키며 말했다.

"무슨 말씀이세요. 당연히 권 변호사님 것도 있죠."

"정말요?"

권리아가 신나서 빵을 살펴보더니, 이내 실망스러운 표정을 지었다. 권리아가 제일 좋아하는 빵은 크루아상인데, 이미 유정의와 이범이 가져가서 없기 때문이었다. 그런데 이범이 그런 권리아의 마음을 알아채고 자신이 갖고 있던 빵을 내밀며 말했다.

"크루아상 찾는 거지? 이거 먹어."

"아니에요, 다른 것 먹어도 돼요."

권리아가 사양했지만, 이범이 다시 권했다.

"아니야, 난 소시지빵도 좋아."

그러더니 권리아의 손에 크루아상을 쥐어 주고, 소시지빵을 가져갔다. 권리아가 좋아하며 말했다.

"감사합니다. 헤헤."

그런데 그 순간, 양미수는 그런 권리아를 보며 행복하게 웃는 이범의 표정을 보았다. 자신이 먹고 싶은 것을 주고도 행복한 표정을 지을 수 있다는 것은 그만큼 상대를 좋아한다는 뜻이 아니겠는가.

'확실하네!'

양미수는 이범이 권리아를 좋아하고 있다는 사실을 다시 한번 깨달았다. 그래서 이범이 공황 장애를 앓고 있다는 것을 알고 있었던 양미수는 요즘 고민이 생겼다.

'리아한테 말을 해야 하나?'

이범의 별명은 '범생이'다. 똑똑하고 성실하지만, 융통성이 좀 없는 편이라 붙은 것이다. 그러니 이범은 성격상 쉽게 권리아에게 고백하지 않을 것이다. 하지만 양미수는 마음이 아픈 이범을 도와주고 행복하게 해 줄 수 있는 사람은 자신이 아닌, 권리아라는 생각이 들었다. 그래서 자신이라도 권리아에게 알려 줘야 하지 않을까 생각하는 것이다.

그러나 오랫동안 좋아했던 이범을 포기한다는 것은 양미수에게 쉬운 일이 아니었다. 그래서 결정하지 못하고 계속 고민만 하고 있는 것이다. 그런 생각이 들자 양미수의 표정이 어두워졌고, 권리아는 그 모습을 보며 또 다른 생각을 했다.

'아직 말하고 싶지 않은 것일까?'

양미수와 권리아는 로스쿨에 다닐 때부터 절친이었다. 그런데 최근 양미수가 갑자기 권리아에게 싸늘하게 대하기 시작했다. 권리아는 속이 많이 상했지만, 양미수가 생각이 정리될 때까지 기다려 달라고 했다. 그래서 기다리고는 있는데…….

'내가 뭘 잘못한 걸까?'

양미수는 권리아가 잘못해서 그러는 게 아니라고 말했지만, 그래도 권리아는 자신이 뭔가 잘못해서 양미수가 화난 것이라고 생각하고 있다. 이유도 모른 채 양미수와 자꾸 멀어지는 것 같아서 속상하고 안타까운 마음이 들었다.

그런데 퇴근 시간, 권리아가 양미수에게 물었다.

"나 맛빵에 들렀다 갈까 해. 우리 엄마도 크루아상 좋아하셔서 사 가려고. 같이 갈래?"

아까 낮에 먹었던 크루아상이 맛있어서 엄마께도 사 드려야겠다고 생각했던 것이다. 또 양미수와 빵집에 같이 가면서 얘기를 나눠 보고도 싶었다.

"그래, 같이 가자."

양미수는 대답하며 결심했다.

'그래, 말하자!'

아무래도 이범이 권리아를 좋아하는 것 같다고 말하기로 한 것이다. 그런데 권리아와 양미수의 마음도 모르고, 유정의가 끼어들었다.

"나도, 나도 같이 가."

권리아와 양미수, 유정의는 어린이 변호사 양성 프로젝트 2기 동기다. 그래서 로스쿨에 다닐 때부터 늘 함께 다니는 삼총사였다. 권리아와 양미수가 같은 여자끼리라 좀 더 속마음을 터놓고 있기는 하지만 말이다. 그러니 유정의가 함께 가겠다는데, 넌 안 된다고 할 수 없는 일이었다.

'오늘은 말을 못하겠네.'

양미수는 다음에 이야기해야겠다고 생각했다. 그리고 셋은 함께 맛빵으로 갔다. 빵집 앞에 가자, 맛있는 빵 냄새가 진동했다.

"역시 냄새부터 맛있다니까!"

권리아가 신나서 빵집 문을 열고 들어갔다. 유정의와 양미수도 따라 들어갔는데, 빵이 얼마 남아 있지 않았다. 동네의 인기 빵집이라는 명성에 걸맞게 저녁때면 남아 있는 빵이 거의 없는 것이다.

"어, 거의 다 팔렸네!"

권리아가 아쉬운 표정으로 말했다. 그러는 사이, 문이 열리며 손님들이 또 들어왔다. 권리아는 재빨리 쟁반과 집게를 챙기며 속삭였다.

"빨리 사, 빨리."

이럴 때는 일단 집는 게 임자인 것이다. 권리아의 말에 아이들은 재빨리 빵을 골라 쟁반에 담았다.

그런데 바로 그때였다. 문이 열리더니, 갑자기 누군가 버럭 소리를 질렀다.

"사장님, 사장님 좀 나오세요!"

갑작스러운 큰 소리에 모두의 시선이 그 사람에게 쏠렸다. 40대 중반 정도로 보이는 아주머니였다. 계산을 하고 있던 아르바이트생이 깜짝 놀라 물었다.

"무슨 일이세요?"

아주머니가 손에 든 빵 봉지를 흔들며 소리쳤다.

"빵에서 벌레가 나왔어요! 사람이 먹는 식품인데, 이렇게 더럽게 해서 팔면 안 되죠!"

빵에서 벌레가 나왔다니, 이게 무슨 소리인가! 모두 놀라 쳐다보고 있는데, 사장이 주방에서 뛰어나오며 물었다.

"벌레가 나왔다고요? 그럴 리가 없는데……."

그러자 아주머니가 빵 봉지를 더 크게 흔들며 화를 냈다.

"그럴 리가 없긴, 뭐가 없어요. 여기 증거가 있는데!"

사장이 어리둥절한 표정으로 말했다.

"어디 좀 봅시다."

아주머니는 씩씩거리며 봉지에서 빵을 꺼내 보여 주었다.

"봐요, 봐!"

그러자 가게 안에 있던 손님들이 모두 아주머니 주위로 모여들었다. 아이들도 슬쩍 가서 봤는데, 이게 무슨 일인가. 정말 단팥빵 안의 팥 사이에 죽은 바퀴벌레 한 마리가 들어 있는 것이 아닌가.

사장이 깜짝 놀라며 말했다.

"아니, 왜 벌레가……."

빵 속에 진짜 벌레가 들어 있자, 사람들도 의심의 눈초리로 사장을 쳐다봤다. 사장이 당황해하며 말했다.

"이럴 리가 없어요. 저희가 얼마나 위생에 신경을 쓰는데요. 전문 방역 업체에서 일주일에 한 번씩 와서……."

그러나 아주머니가 기막힌 표정을 지으며 따지고 들었다.

"아이참, 그럼 뭐, 내가 지금 거짓말을 하고 있다는 거예요? 내가 벌레라도 집어넣었다는 거냐고요!"

아주머니가 더 크게 화를 내자, 사장이 펄쩍 뛰며 부인했다.

"아니, 그게 아니고, 저희가 깨끗하게 하려고 노력하고 있다는……."

하지만 아주머니는 사장의 말은 들으려고 하지 않고, 계속 소리를 질렀다.

식품

식품은 우리가 일상적으로 섭취하는 음식물을 통틀어 이르는 말이야.

우리는 식품에서 영양분과 에너지를 얻기 때문에 식품은 우리가 살아가는 데 없어서는 안 될 중요한 것이지.

옛날에는 주로 자연에서 나거나 직접 기른 자연식품을 먹었지만,

자연식품
방부제나 인공 색소 따위를 넣지 않은 자연 그대로의 식품

과학과 기술의 발달로 가공식품이나 즉석식품을 많이 먹게 되었어.

가공식품
농산물, 축산물, 수산물 따위를 인공적으로 처리하여 만든 식품

즉석식품(인스턴트)
간단히 조리할 수 있고 저장이나 휴대에도 편리한 가공식품

우리가 일상적으로 섭취하는 음식물을 통틀어 이르는 말

"그게 그 말이잖아요. 당신은 잘못한 게 없다! 그러니 내가 거짓말을 하고 있는 거다!"

그런데 상황이 이렇게 되자, 빵을 사려던 사람들이 하나둘 빵을 선반에 돌려 놓고 나가기 시작했다. 아주머니의 말이 진짜인지 아닌지는 모르지만, 빵에서 바퀴벌레가 나왔다고 하니, 빵을 사기에는 찜찜한 마음이 든 것이다.

그러자 유정의도 아이들에게 나가자는 눈짓을 했다. 아이들은 미안한 마음이 들었지만, 슬그머니 빵을 내려놓고 빵집을 나왔다.

"사장님이 굉장히 깔끔한 분 같았는데, 이상하네."

권리아가 의아한 표정으로 말하자, 유정의가 얼굴을 일그러뜨리며 말했다.

"여하튼 바퀴벌레가 나왔다잖아."

그러더니 징그럽다는 듯 진저리를 쳤다.

"으~. 아까도 먹었는데, 찜찜하네."

"그러게 말이야."

양미수도 같은 마음이었다. 아까 먹은 빵이 목구멍으로 올라오는 것 같은 불쾌한 느낌이 들었기 때문이다.

"빵에서 바퀴벌레가 나왔다고요? 정말요?"

다음 날, 전날에 빵집에서 일어난 사건을 전하자, 하 사무장이 놀라며 되물었다. 유정의가 불쾌한 표정으로 대답했다.

"네, 그러니까 이제 그 집에서 빵 사지 마세요."

하 사무장이 이해할 수 없다는 표정으로 말했다.

"동네에서 20년이 넘게 장사한 집인데, 이런 일은 처음이에요. 이상하네요."

"그럼 나 이제 단팥빵 못 먹는 거예요?"

한 대표가 아쉬워하자, 하 사무장이 위로했다.

"그러니까요. 대표님이 제일 좋아하는 간식이었는데. 제가 더 맛있는 단팥빵집 찾아볼게요."

그런데 바로 그때였다. 띠링 소리와 함께 사무실 문이 열리더니, 한 청년이 들어왔다. 모두의 시선이 청년에게 향하자, 청년이 조심스럽게 물었다.

"저…… 여기가 변호사 어벤저스 사무실이 맞나요?"

'변호사 어벤저스'를 찾는 말에 모두 어리둥절해졌다. 그건 고민중 변호사와 아이들이 농담처럼 주고받은 말이기 때문이다. 하 사무장이 아이들을 힐끗 보더니, 얼른 대답했다.

"아, 변호사 어벤저스요! 맞습니다."

아이들은 자신들을 찾는 것 같아 반가우면서도 의아했다.

그 말을 어디서 듣고 왔는지 궁금했기 때문이다. 한 대표도 호기심 어린 표정으로 물었다.

"그런데 변호사 어벤저스는 어떻게 아시고……."

청년이 설명했다.

"아, 이준희라고 아시죠? 자전거 타다가 교통사고 당해서 사건을 의뢰했다고 하던데요."

"그럼요, 알죠."

한 대표가 대답하자, 청년이 이어 말했다.

"제가 준희네 옆집에 살거든요. 준희 아버님이 소개해 주셨어요. 능력 있고 좋은 변호사님들이라고, 가 보라고요."

아이들은 그제야 준희가 사건이 종결된 후, 아빠와 함께 감사의 인사를 하러 왔을 때가 생각났다.

"형이랑 누나들, 어벤저스예요?"

준희 아빠는 아이들이 사건을 멋지게 해결해 주자, 준희가 아이들을 어벤저스라고 생각한 것이라고 설명했다. 그런데 바로 그 일을 청년에게 말해 주었던 모양이다.

한 대표가 장난스러운 표정으로 아이들을 소개했다.

"아유, 그럼요. 이분들이 바로 그분들입니다. 능력 있고 좋은 변호사님들, 변호사 어벤저스! 하하."

한 대표가 크게 웃자, 사무실이 쩌렁쩌렁 울렸다. 한 대표의 별명은 '한 대포'다. 무슨 일이든 절대 포기하지 않고 밀어붙이기 때문이기도 하지만, 목소리가 워낙 커서 붙은 별명이기도 하다. 그 큰 목소리로 추켜세우니, 아이들은 창피해 얼굴이 빨개졌다.

하 사무장이 청년을 안내했다.

"자, 그럼 일단 회의실로 가실까요?"

"아, 네."

청년이 대답하고 따라가자, 유정의는 곧바로 고 변호사에게, 권리아는 이범에게 의뢰인이 왔다는 소식을 전했다.

잠시 후, 회의실에 모두 모이자, 고 변호사가 물었다.

"어떤 도움이 필요하신가요?"

청년의 이름은 이원근, 나이는 19세였다. 아직 나이 어린 청년이 무슨 일로 변호사 사무실을 찾아왔나 궁금했다. 변호사 사무실은 법적인 문제나 사건에 대한 일을 조언하고 해결해주는 곳이기 때문이다.

이원근이 자신의 상황을 설명했다.

"제가 잠깐 식당에서 아르바이트를 했는데요. 그 가게 사장님이 저를 명예 훼손과 업무 방해로 경찰에 고소를 했어요. 그래서 너무 억울해서 도움을 받고 싶어서 왔습니다."

고 변호사가 다시 물었다.

"명예 훼손에 업무 방해면 간단한 사건은 아닌데, 무슨 일이 있었나요?"

이원근이 괴로운 듯 한숨을 푹 쉬며 대답했다.

"그 가게 이름이 '돼지 조아'라고, 주로 돼지고기를 파는 고깃집이거든요. 김치찌개, 된장찌개 같은 것도 팔고요. 그런데 아르바이트를 하다 보니까, 손님들이 먹고 남긴 김치를 모아 김치찌개를 끓이고, 깨끗이 먹은 반찬들은 다시 손님상에 내놓더라고요."

"음식물을 재사용한다는 건가요?"

이범이 눈이 동그래져 묻자, 이원근이 설명을 이었다.

"네, 손님상에 나갔던 상추나 깻잎, 풋고추 같은 것도 다시 쓰고요."

권리아가 단호한 목소리로 설명했다.

"음식물을 재사용하는 것은 「식품 위생법」을 위반하는 행위입니다. 불법이라고요."

「식품 위생법」은 식품으로 인해 생기는 위생상의 위험과 재해를 방지하고, 식품에 관한 올바른 정보를 제공함으로써 국민의 건강을 보호하고 증진하기 위해 만들어진 법이다.

「식품 위생법」 제44조에 따르면, 식당을 하는 영업자와 그

종업원은 원료 관리, 위생 관리 등 국민의 보건 위생 증진을 위해 「식품 위생법 시행 규칙」에 규정된 사항을 지켜야 한다고 되어 있다.

그리고 「식품 위생법 시행 규칙」에 따르면, 손님이 먹고 남긴 음식물이나 먹을 수 있게 진열 또는 제공한 음식물에 대해서는 다시 사용, 조리 또는 보관해서는 안 된다고 명시되어 있다. 그러니 다른 사람이 먹다 남긴 음식을 그대로 내놓거나, 다시 조리해서 내놓는 행위는 모두 불법인 것이다.

이원근이 억울한 표정으로 말했다.

"알죠, 그래서 저는 손님들이 먹다 남긴 것들은 음식물 쓰레기니까 모두 한데 모아서 버렸거든요. 그랬더니 사장님이 막 화를 내시더라고요. 멀쩡한 걸 왜 버리냐고, 다른 가게도 다 재사용한다면서요."

사장의 이름은 방상숙이라고 했다. 유정의가 어이없는 표정으로 물었다.

"불법 행위를 한 것도 모자라, 다른 사람에게까지 시킨 거네요. 그래서 어떻게 했어요?"

이원근이 대답했다.

"찜찜한 마음이 들었지만, 당장 아르바이트를 그만둘 수가 없으니까 눈치껏 했죠."

식품 위생법

식품은 건강과 직결되는 중요한 것이기 때문에 식품을 다루는 데는 주의할 점이 많아.

그래서 나라에서는 국민의 건강을 보호하기 위해 식품을 판매하며 위생상의 문제가 발생하지 않도록 하는 법률을 만들었어.

바로 「식품 위생법」이야.

식품과 식품 첨가물뿐 아니라, 기구와 용기, 포장 등도 깨끗하고 위생적으로 다루어야 한다고 명시되어 있지.

제3조 (식품 등의 취급)

① 누구든지 판매를 목적으로 식품 또는 식품 첨가물을 채취·제조·가공·사용·조리·저장·소분·운반 또는 진열을 할 때에는 깨끗하고 위생적으로 해야 한다.

② 영업에 사용하는 기구 및 용기·포장은 깨끗하고 위생적으로 다루어야 한다.

국민 건강의 보호를 위해 식품 위생에 관해 정해 놓은 법률

아르바이트를 시작한 지 얼마 되지 않은 데다, 다음 학기 등록금에 보태고 싶어서 시작한 일이라 선뜻 그만둘 수 없었다는 것이다. 그래서 고심 끝에 손님들이 먹다 남은 반찬에 슬쩍 물을 붓거나, 휴지를 넣는 등 재사용하지 못하도록 했다는 것이다.

"그런데 그걸 사장님한테 들켜 버렸어요."

결국 방상숙은 화를 내며 이원근에게 당장 그만두라고 했다는 것이다.

이원근의 말에 양미수가 안타까운 표정으로 말했다.

"아르바이트라고 막 자르면 안 돼요. 그건 부당 해고예요."

해고란 근로자의 의사와 관계없이 사용자가 일방적으로 근로 관계를 끝내는 것을 말한다.

유정의도 주장했다.

"맞아요, 그건 「근로 기준법」 위반 행위예요. 「근로 기준법」 제23조 제1항에 의하면, '사용자는 근로자에게 정당한 이유 없이 해고, 휴직, 정직, 전직, 감봉, 그 밖의 징벌을 하지 못한다.'고 되어 있거든요."

「근로 기준법」은 헌법에 따라 근로 조건의 기준을 정함으로써, 근로자의 기본적 생활을 보장하고 향상시키며, 국민 경제를 균형 있게 발전시키기 위해 제정된 법률이다.

그러자 이원근이 말했다.

"저도 잘린 게 억울해서 노동 위원회인가, 거기에 신고할까 생각도 했었어요. 그런데 비양심적인 가게에서 더 이상 일하고 싶지 않고, 사장님의 얼굴도 보고 싶지 않아서 그냥 그만두겠다고 했어요."

그러자 이범이 물었다.

"가게의 상시 근로자, 그러니까 정식으로 고용된 직원분들이 몇 분이나 있나요?"

이원근이 대답했다.

"직원은 4명이고, 시간제로 아르바이트생을 한두 명씩 쓰고 있어요."

이범이 난처한 표정으로 설명했다.

"그렇군요. 그런데 「근로 기준법」 제11조 제1항에 의하면, '이 법은 상시 5명 이상의 근로자를 사용하는 모든 사업 또는 사업장에 적용한다.'고 되어 있거든요. 그러니까 4인 이하의 사업장에서는 「근로 기준법」의 일부만 적용되기 때문에 근로자의 의사와 관계없이 해고해도 부당 해고에 해당되지 않을 겁니다."

이범이 고 변호사의 의견을 묻듯 고 변호사를 쳐다봤다. 고 변호사가 동의하며 설명했다.

근로에 의한 소득으로 생활하는 사람

"맞습니다. 제11조 제2항, '상시 4명 이하의 근로자를 사용하는 사업 또는 사업장에 대하여는 대통령령으로 정하는 바에 따라 이 법의 일부 규정을 적용할 수 있다.'고 되어 있습니다. 즉 4인 이하 사업장에는 제23조 제1항 해고의 제한이나 제28조 부당 해고 등의 구제 신청 조항이 적용되지 않는 거죠."

한마디로, 사장 마음대로 해고할 수 있고, 또 부당 해고가 된 경우에도 구제를 받을 수 없다는 것이다.

"그건 근로자에게 너무 불리한 조항인데요."

양미수의 말에 권리아도 맞장구를 쳤다.

"맞아요, 4인 이하 사업장에서 일하는 사람은 근로자의 기본적인 권리도 보장받지 못한다는 말이잖아요."

권리아의 별명은 '또또권리'다. 이름에 '권리'가 들어가서 그런지, 시도 때도 없이 '권리'를 주장하기 때문이다.

권리아가 이어서 주장했다.

"이 조항은 헌법 재판소에 위헌 법률 심판을 제기해야 할 것 같은데요."

위헌 법률 심판은 국회에서 제정한 법률이 헌법에 위반되는지에 대한 여부를 헌법 재판소가 심사하는 것을 말한다.

고 변호사가 설명했다.

"그렇지 않아도 「근로 기준법」 제11조가 위헌이라며, 위헌 법률 심판이 제기된 적이 있었어요. 그런데 헌법 재판소에서 위헌이 아니라고 판결했습니다."

"왜요?"

권리아가 이해할 수 없다는 듯 묻자, 고 변호사가 대답했다.

"4인 이하 사업장은 대부분 영세한 경우가 많잖아요. 그러니까 너무 엄격한 법의 잣대를 들이대면 사업하기 힘들 수 있다, 열악한 현실을 고려하겠다는 거죠. 또 그런 소규모 사업장까지 국가가 감독하는 데는 한계가 있다는 것도 중요한 이유였습니다."

헌법 재판소가 위헌이 아니라고 판결했다고 하니, 권리아도 양미수도 더 이상 따질 수가 없었다. 여하튼 결론은 이원근이 부당 해고를 당했어도 구제받을 방법이 없다는 것이다.

열띤 토론을 끝내고, 고 변호사가 이원근에게 물었다.

"자, 법률적인 문제는 그렇고, 그래서 그만뒀는데, 또 다른 문제가 생긴 건가요?"

지금까지의 이야기로는 명예 훼손과 업무 방해로 고소를 당할 만한 일이 없기 때문이다. 그렇다면 이원근에게 또 무슨 일이 있었던 것일까?

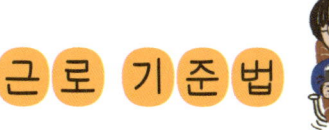

근로 기준법

그러나 대통령의 권한을 견제할 수 있는 여러 가지 제도가 마련되어 있고,

대통령의 권한을 견제하기 위한 제도

① 단임제: 대통령은 단 한 번만 할 수 있다.
② 국무 회의 심의: 국정 운영 중 중요한 사안은 국무 회의 심의를 거쳐야 한다.
③ 국회의 동의·승인권: 고급 공무원 임명, 조약 체결 등은 국회의 동의나 승인을 거쳐야 한다.
④ 국회의 탄핵 소추권: 대통령이 「헌법」이나 법률을 위반하면 국회는 탄핵할 수 있다.

대통령으로서 나라의 독립과 영토를 지키고, 헌법을 수호해야 하는 등의 의무가 있어.

나는 헌법을 준수하고 국가를 보위하며….

「헌법」 제66조
② 대통령은 국가의 독립·영토의 보전·국가의 계속성과 헌법을 수호할 책무를 진다.
③ 대통령은 조국의 평화적 통일을 위한 성실한 의무를 진다.

대통령은 국민이 직접 선거를 통해 선출하고, 임기는 5년, 한 번만 할 수 있지.

직접 선거
임기 5년
단임제

국가의 원수이자 행정부의 수반이다.

근로 계약의 효력과 해고, 구제 명령 등에 대한 내용,

제23조(해고 등의 제한)
① 사용자는 근로자에게 정당한 이유 없이 해고, 휴직, 정직, 전직, 감봉, 그 밖의 징벌을 하지 못한다.

임금 지급과 휴업 수당, 근로 시간과 휴가 제도 등에 관한 내용을 규정하고 있어.

제50조(근로 시간)
① 1주간의 근로 시간은 휴게 시간을 제외하고 40시간을 초과할 수 없다.
② 1일의 근로 시간은 휴게 시간을 제외하고 8시간을 초과할 수 없다.

1주에 40시간, 1일에 8시간

또 여성과 소년 근로자를 보호하는 내용도 명시되어 있지.

어려서 안 돼!

제64조(최저 연령과 취직 인허증)
① 15세 미만인 사람은 근로자로 사용하지 못한다.

제69조(근로 시간)
15세 이상 18세 미만인 사람의 근로 시간은 1일에 7시간, 1주에 35시간을 초과하지 못한다.

근로자의 기본 생활을 보장하기 위한 근로 조건을 정한 법률

잠입 수사

잠입 수사

"제가 일한 돈을 제대로 주지 않았어요."

이원근이 돼지 조아에서 아르바이트를 시작하게 된 것은 '다구해'라는 아르바이트 소개 앱을 통해서였다. 그곳에 방상숙은 한 시간에 1만 2,000원의 임금을 주겠다고 공고를 올려놓았고, 다른 곳보다 시간당 임금이 높았기 때문에 이원근은 돼지 조아에 아르바이트를 지원했다는 것이다.

"하루에 6시간씩 총 10일을 일했으니까, 72만 원을 줘야 하는데, 60만 원만 보냈더라고요."

유정의가 얼른 계산하고 말했다.

"시간당 1만 원을 준 거네요. 그건 계약 위반인데요."

이원근이 억울한 표정으로 말했다.

"그러니까요. 그래서 제가 전화해서 12만 원을 더 달라고 했더니, 한 달도 일을 못했으니 최저 시급을 준 거라며, 제가

일을 못해서 60만 원을 주는 것도 아깝다는 거예요."

권리아가 의아한 표정으로 물었다.

"한 달을 채우지 못하면 최저 시급을 주겠다는 계약 조항이 있었나요?"

"당연히 없었죠."

이원근의 대답에 양미수가 말했다.

"사장님이 좀 막무가내식이네요. 법이고 계약이고 다 무시하시는 것을 보니."

이원근이 설명을 이었다.

"그래서 제가 화가 나서 음식물 재사용한 거 구청에 고발하겠다고 했거든요."

음식물 재사용 등 「식품 위생법」 위반 혐의를 발견했을 때는 식품 의약품 안전처 신고 센터나 관할 구청 등에 신고할 수 있다. 그리고 위반 행위가 확인되면, 영업 정지나 허가 취소 등의 행 정 처 분과 3년 이하의 징역 또는 3,000만 원 이하의 벌금 등 형사 처분을 받을 수 있다.

"그래서 신고하셨어요?"

유정의의 질문에 이원근이 대답했다.

"사장님이 마음대로 하라고 화를 내면서 전화를 끊더라고요. 그래서 바로 구청 홈페이지에 신고를 했어요."

임금

임금은 근로자가 노동의 대가로 받는 보수로, 봉급, 수당, 상여금뿐 아니라, 물건으로 준 급여도 포함돼.

임금(賃金)
품삯(임) 쇠(금)

「근로 기준법」 제2조(정의)
① 5. "임금"이란 사용자가 근로의 대가로 근로자에게 임금, 봉급, 그 밖에 어떠한 명칭으로든지 지급하는 모든 금품을 말한다.

옛날에도 남의 집의 일을 해 주면 화폐나 물건으로 일한 삯을 받았지만,

쌀 한 자루 줌세.
감사합니다, 나리.

임금이라는 개념은 자본주의 체제가 시작되고 자본가와 노동자가 생기면서 만들어졌어.

자본주의

자본가 노동자

자본주의 사유 재산제를 바탕으로, 자본가가 이윤을 얻기 위해 생산 활동을 하도록 보장하는 사회 경제 체제

행정 처분은 행정 기관이 법률에 따라 내린 국민의 권리나 의무에 직접적인 영향을 미치는 결정을 말해.

행정 법에 따라 나라의 살림살이를 하는 것

행정 처분은 영업 정지, 허가 취소 등 여러 종류가 있어.

위반 행위가 얼마나 심각한지, 또 몇 번이나 위반했는지에 따라 행정 처분이 달라져.

위반 사항	행정 처분 기준		
	1차 위반	2차 위반	3차 위반
음식물을 재사용한 경우	영업 정지 15일	영업 정지 2개월	영업 정지 3개월
이물이 들어간 경우	시정 명령	영업 정지 7일	영업 정지 15일

행정 기관이 법률에 따라 내린 국민의 권리나 의무에
영향을 미치는 결정

구청 홈페이지의 민원 게시판에 돼지 조아에서 음식물을 재사용한다고 신고했고, 가게에서 찍은 사진을 함께 올렸다는 것이다.

사진을 올렸다는 말에 권리아가 물었다.

"증거 사진을 찍었단 말이에요?"

증거 사진이 있으면, 방상숙의 불법 행위는 금방 밝혀졌을 테니 말이다. 이원근이 대답했다.

"네, 쫓겨난 날에 혹시 몰라서 몰래 찍어 둔 건데, 손님이 남긴 김치를 냄비에 넣는 사진이에요."

이범이 이원근의 표정을 살피며 물었다.

"그런데 「식품 위생법」 위반 혐의가 인정되지 않은 건가요?"

이원근이 실망한 표정으로 대답했다.

"네, 구청 위생과 조사관이 가게에 나가 조사를 했는데, 음식물을 재사용하는 것을 확인할 수 없었답니다. 그래서 제가 올린 사진을 사장한테 보여 주었더니, 사장은 버리기 아까워서 자기가 먹으려고 그랬던 거지, 손님들한테는 절대 내놓지 않았다고 주장했대요. 직원들도 사장의 말이 맞다고 이구동성으로 말을 하니, 결국 증거 부족으로 불처분이 났다는 거예요."

음식물을 재사용

이구동성(異口同聲)이란, 입은 다르나 목소리는 같다는 뜻으로, 여러 사람의 말이 한결같음을 이르는 말이다.

가만히 듣고 있던 고 변호사가 말했다.

"신고하겠다고 하니까 말을 맞춘 거군요. 그리고 적반하장으로 경찰에 명예 훼손과 업무 방해로 신고한 거고요."

적반하장(賊反荷杖)이란, 도둑이 도리어 매를 든다는 뜻으로, 잘못한 사람이 아무 잘못도 없는 사람을 나무란다는 말이다.

이원근이 억울해하며 말했다.

"맞아요, 열심히 일했는데 불법에 동참하지 않았다고 잘리고, 일한 돈도 다 못 받고, 또 고소까지 당하고 보니, 너무 억울해요."

양미수가 안타까운 마음에 말했다.

"사장님한테 말하지 말고 신고할 걸 그랬어요."

이원근이 고개를 끄덕였다.

"그러니까요. 이렇게 딱 잡아뗄 줄 몰랐죠."

여하튼 아이들은 사건의 전말을 알게 되었다. 그리고 아직 19세밖에 안 된 대학생이 처음으로 나선 아르바이트에서 그런 일을 당했으니, 얼마나 당황하고 속이 상했을까 생각하며, 이원근의 억울한 마음을 충분히 이해할 수 있었다.

「식품 위생법」 위반으로 불법이다.

고 변호사가 물었다.

"근로 계약서는 썼나요?"

"네, 썼습니다."

이원근이 대답했다. 근로 계약서는 일을 하는 근로자와 근로자를 고용해 일을 시키는 사용자 사이에 계약이 성립되었음을 증명하기 위해 작성하는 서류이다.

"거기에 시간당 1만 2,000원을 준다고 쓰여 있나요?"

고 변호사가 묻자, 이원근이 고개를 끄덕였다.

"네."

고 변호사가 별문제 아닌 듯 말했다.

"그럼 그건 관할 노동 위원회에 신고하면 받을 수 있으니까 걱정하지 않아도 됩니다."

법이 늘 억울한 사람의 편이 되어 주고, 불의를 저지른 사람에게는 벌을 주면 좋겠지만, 그렇지 못한 경우도 많다. 우리 사회는 수많은 계약으로 얽혀 있는데, 그 계약이 법적인 보호를 받기 위해서는 실제로 법적인 효력을 지니고 있는 것이어야 하기 때문이다. 그래서 계약을 할 때는 무엇보다 계약서를 잘 쓰는 것이 중요하다. 근로 계약을 할 때도 가장 중요한 것이 바로 근로 계약서를 쓰는 것이다.

"네, 인터넷에 찾아보니까 그렇게 하라고 하더라고요. 그래

서 노동 위원회에 신고는 해 놓았습니다."

이원근의 대답에 고 변호사가 칭찬했다.

"잘하셨네요. 그럼 문제는 경찰 고소를 당한 것인데, 저희가 방법을 한번 찾아보겠습니다."

"정말이요? 감사합니다. 정말 감사합니다."

이원근은 연신 고개를 숙이며 인사했다. 변호사 어벤저스라고 하니, 자신의 사건을 잘 해결해 줄 거라고 믿고 있는 것이다.

이원근이 돌아가자, 고 변호사와 아이들은 어떻게 사건을 풀어나갈지 의논했다.

고 변호사가 단호한 표정으로 말했다.

"방법은 하나입니다. 돼지 조아가 음식물을 재사용하고 있다는 명확한 증거를 잡는 것."

방상숙은 음식물을 재사용하지 않았는데 이원근이 신고를 해서 명예를 훼손하고, 그 일로 조사가 나와 업무를 방해했다고 주장하며 고소한 것이다. 그러니 이원근의 무죄를 주장하려면 음식물을 재사용했다는 것을 증명해야만 한다.

유정의가 걱정스러운 표정으로 말했다.

"그건 쉽지 않을 것 같은데요. 한번 걸렸는데, 또 그런 짓을 할까요?"

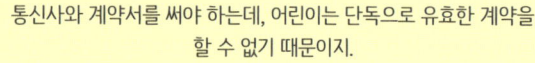

미성년자가 법률 행위를 할 때는 법정 대리인의 동의를 얻어야 한다.

구청에서 조사까지 나갔는데, 또다시 불법 행위를 저지르겠느냐는 말이다.

권리아가 의견을 냈다.

"직원들을 만나 보는 건 어때요?"

양미수가 동의했다.

"그럼 되겠네요. 사장님이 시키니까 어쩔 수 없이 거짓말을 한 사람도 있을 수 있잖아요."

하지만 유정의가 반대했다.

"식당에서 잘릴까 봐 사장님이 시킨 대로 말한 것일 텐데, 이제 와서 진실을 말할까요?"

권리아가 계속 주장했다.

"그건 만나 봐야 알죠. 뭐든 해 봐야 알지, 해 보지도 않고 안 된다, 안 될 거다 하면 뭐가 되겠어요."

권리아가 유정의를 질책하자, 유정의는 기분이 상했다. 그래서 굳은 표정으로 말했다.

"아무것도 안 하겠다는 게 아니라, 될 만한 것, 이왕이면 확실한 걸 하자는 겁니다."

"그게 뭔데요? 될 만한 것, 확실한 것이."

권리아는 어떤 일이든 긍정적인 시각으로 보고, 또 열정적으로 달려들어 일하는 스타일이고, 유정의는 대부분의 상황을 우선 부정적인 시각으로 보고, 꼼꼼히 따져 가며 일하는 스타일이다. 두 사람은 성격도 정반대, 일하는 스타일도 정반대인 것이다.

그래서 둘은 학교 다닐 때부터 늘 의견이 반대였다. 최근에는 그래도 좀 맞춰 가는가 싶었는데, 갑자기 또 왜 이러는 것일까? 이범이 헛기침을 하며 주의를 줬다.

"흠흠, 지금 그게 중요한 게 아니잖아요."

그러자 양미수가 새로운 아이디어를 냈다.

"그럼 잠입 수사를 해 보면 어때요?"

잠입 수사는 자신의 신분을 위장하거나 몰래 숨어들어 정보를 얻는 수사를 말한다. 경찰관들이 범죄 수사를 할 때 쓰는 수사 기법 중 하나다.

"잠입 수사요? 가게에 손님인 척 가 보자고요?"

권리아가 눈이 동그래져 묻자, 양미수가 고개를 끄덕이며 대답했다.

"네, 일단 가 봐야 어떤 상황인지 파악이 되지 않을까요?"

역시 양미수는 '미수테리'다. 미수테리는 '양미수 미스테리'의 줄임말로, 양미수의 별명이다. 가끔 엉뚱한 이야기나 행동을 잘하기 때문이다.

"가 본다고 알 수 있을까요?"

유정의가 또 부정적인 말을 하더니, 얼른 입을 다물었다. 이범에게 주의를 받았기 때문이다.

그런데 바로 그때, 고 변호사가 벌떡 일어나며 말했다.

"뭐, 가 봅시다. 점심 먹을 시간도 됐는데."

권리아가 놀라며 되물었다.

"정말요?"

아이들도 눈이 동그래졌다. 고 변호사가 먼저 나서서 같이 밥을 먹자고 한 것이 처음이기 때문이다. 그동안 고 변호사는 점심시간만 되면 혼자 사라지곤 했다. 아무래도 아이들보다는 다른 동료 변호사들과 먹는 것이 편해서 그런가 보다 했다. 그런데 같이 점심을 먹자고 하니 놀랄 수밖에. 물론 사건 조사를 위한 것이기는 하지만 말이다.

고 변호사가 다이어리를 챙기며 대답했다.

"가서 분위기나 좀 보고 오자고요."

결국 고 변호사와 아이들은 돼지 조아로 점심을 먹으러 가게 됐다. 과연 고 변호사와 아이들은 사건 해결에 필요한 증거를 찾을 수 있을까?

돼지 조아는 생각보다 큰 고깃집이었다. 점심시간이라 그런지 손님들도 꽤 많았다. 고 변호사와 아이들은 일부러 주방 근처로 자리를 잡았다. 아르바이트생으로 보이는 사람이 와서 물었다.

"뭐 드시겠어요?"

고 변호사가 메뉴판을 보더니 아이들에게 물었다.

"김치찌개 먹을까요?"

김치찌개라는 말에 아이들은 멈칫했다. 혹시 손님들이 먹다 남긴 김치로 끓인 찌개일지도 모르니 말이다. 하지만 다른 메뉴도 찜찜한 건 마찬가지이니, 아이들은 대답했다.

"네."

잠시 후, 음식이 차려지고 고 변호사와 아이들은 밥을 먹으며 직원들이 상을 치우는 모습을 유심히 살펴봤다. 먹다 남은 음식물을 버리지 않고 따로 치우는지 보기 위해서다. 그런데 김치와 밑반찬 남은 거를 한꺼번에 섞어 가지 않고, 그대로 다시 쟁반에 담아 가는 것이었다.

아이들은 서로 눈짓을 주고받았다.

'재사용하려는 거겠지?'

'그런 것 같아.'

'주방 안쪽을 봐야 하는데 안 보이네.'

주방이 큰 벽으로 가려져 있어서 안에서 무엇을 하는지 전혀 볼 수 없었다. 그런데 권리아의 눈에 화장실 표지판이 보였다. 화장실로 가는 길 옆쪽으로 주방이 있으니, 화장실에 가는 척하며 슬쩍 살펴볼 수 있을 것 같았다.

그리고 때마침 직원이 손님상을 치운 쟁반을 가지고 주방 쪽으로 가는 것이 보였다.

권리아가 얼른 일어나며 말했다.

"저 화장실 좀······."

그러고는 재빨리 휴대 전화의 동영상 버튼을 누르고 손에 감춘 후, 주방 쪽으로 갔다. 직원은 주방으로 들어가더니, 쟁반을 선반 위에 놓고 반찬을 하나씩 꺼내 놓았다. 권리아는 기둥에 몸을 숨기고 그 모습을 영상으로 찍었다.

'안 버리네. 다시 쓰려고 하나 보다.'

그런데 다음 순간, 직원이 권리아를 발견하고 말았다.

"왜요? 뭐 필요하세요?"

직원의 말에 권리아는 재빨리 휴대 전화를 손에 숨기며 말했다.

"아, 화장실이······."

직원이 복도 안쪽을 가리키며 말했다.

"쭉 들어가세요."

"아, 네! 감사합니다."

동영상을 찍는 것을 들키지는 않았지만, 더 이상 촬영할 수는 없었다. 권리아는 화장실에 갔다가 오면서 다시 주방 안쪽을 살펴봤다. 그런데 쟁반과 반찬 그릇들은 이미 다 치워지고 없었다. 권리아가 돌아와 앉자, 양미수가 물었다.

"봤어?"

권리아가 왜 화장실에 갔는지 알고 있었던 것이다. 권리아가 고개를 젓자, 유정의가 말했다.

"조금 있다가 내가 가 볼게."

유정의도 화장실에 가는 척하며 같은 방법으로 주방 안쪽을 촬영했지만, 바쁘게 움직이는 직원들의 모습만 찍혔지, 음식물을 재사용하는 장면은 찍을 수 없었다. 예상대로 증거를 잡는 것이 쉬운 일이 아닌 것이다.

그런데 아이들이 분주하게 오가며 눈치를 주고받아도 고 변호사는 밥만 열심히 먹고 있는 것이었다. 그러더니 한 그릇을 뚝딱 비우고 나서야 아이들을 둘러보며 물었다.

"다 드셨나요?"

아이들은 먹는 둥 마는 둥 했지만, 더 먹고 싶은 마음도 없었다.

"네, 다 먹었습니다."

아이들이 대답하자, 고 변호사는 먼저 자리에서 일어났다.
"천천히 나오세요."
그러고는 계산대로 가는 것이었다. 아이들이 따라 나오고, 고 변호사가 계산을 마치더니 말했다.
"화장실 좀 갔다 올 테니, 먼저 나가 있어요."
화장실에 갈 거면 앉아 있을 때 가지, 굳이 일어나 나온 후에 가려는 이유가 뭘까 생각하는데, 고 변호사는 벌써 화장실 쪽으로 가 버렸다.
출입문 밖으로 나오자, 권리아가 아쉬운 듯 말했다.
"아직도 음식물을 재활용하고 있는 것 같긴 한데, 증거 잡기가 쉽지 않네."
그러자 양미수가 의견을 말했다.
"아까 서빙하던 분, 아르바이트생 같지? 그분한테 물어보면 어떨까?"
이원근과 같은 아르바이트생이니, 말해 주지 않을까 생각하는 것이다.
유정의가 고개를 갸웃하며 말했다.
"글쎄…… 말해 줄까?"
유정의가 또 부정적으로 말했다. 권리아가 눈을 흘기며 말했다.

"또또, 부정의."

유정의가 맨날 부정적으로 말한다고 해서 권리아가 놀리는 말이다. 자신의 별명이 '또또권리'이니, 유정의의 이름을 바꿔 '또또부정의'라고 부르는 것이다.

그런데 바로 그때였다.

"혹시…… 유스타님, 아니세요?"

누군가 보니 초등학교 5~6학년 정도로 보이는 여자아이 둘이 서 있었다. 그중 한 아이가 반기며 다시 물었다.

"유스타님, 맞죠?"

유정의는 어렸을 때, 키즈 유튜브로 유명했다. 그리고 지금은 인플루언서로 활동하고 있어서 별명이 '유스타'다. 또 그 별명을 SNS 아이디로 쓰고 있기 때문에 팬들도 유정의를 '유스타'라고 부른다.

유정의가 싱긋 웃으며 대답했다.

"네, 맞습니다."

"꺅~."

아이들이 좋아서 냅다 소리를 질렀다. 그리고 한 아이가 황급히 가방에서 노트를 꺼내며 부탁했다.

"사인 좀 해 주세요."

그러자 다른 아이도 노트를 꺼내며 말했다.

"저도요."

유정의는 여유롭게 미소를 지으며 노트에 사인을 했다. 가끔 있는 일이기 때문이다.

"잘 생겼어요."

"멋져요."

아이들이 좋아서 어쩔 줄 몰라 하자, 유정의는 사인한 노트를 주며 말했다.

"감사합니다."

아이들도 노트를 받아들며 인사했다.

"감사합니다."

그러고는 신나서 가는 것이었다. 아이들이 가자, 권리아가 입을 삐죽 내밀며 말했다.

"진짜 유스타 나셨네."

그러자 유정의가 으스대며 말했다.

"몰랐어? 나 원래 스타야."

어렸을 때부터 어딜 가나 알아보는 사람들이 많았기 때문에 유정의는 자신의 인기를 잘 알고 있다. 하지만 그 인기 때문에 남모를 괴로움을 겪기도 했다. 좋아하는 사람만큼 시기하고 질투하는 사람들도 많았기 때문이다. 때로는 어린 나이에 감당하기 어려운 악성 댓글에 시달리기도 했다.

 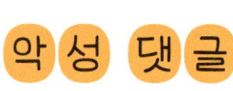

그래서 유정의는 사람을 잘 믿지 못하게 되었다. 앞에서는 '멋지다, 좋다.' 하던 사람들이 뒤에 가서는 질투하고 비난하는 모습을 종종 봐 왔기 때문이다. 유정의가 늘 부정적으로 말하는 버릇은 그로 인해 생겼을 확률이 높다.

그리고 그것은 유정의에게 깊은 마음의 상처를 남겼다. 유정의는 잘나가던 키즈 유튜버를 돌연 그만두고, 어린이 변호사 양성 프로젝트에 응시했다. 이제까지와는 다른 새로운 삶을 살아 보고 싶었기 때문이다. 그러나 로스쿨에서도 유정의를 알아보는 사람들이 많았고, 결국 유스타로 불리게 된 것이었다.

그런데 바로 그때였다. 문이 벌컥 열리더니, 고 변호사가 뛰어나오며 다급하게 소리쳤다.

"뛰세요!"

그러고는 부리나케 줄행랑을 치는 것이 아닌가! 아이들은 영문도 모르고 고 변호사를 따라 뛰기 시작했다. 그런데 뒤에서 가게 사장 방상숙이 소리를 지르는 것이었다.

"이봐요! 거기 서요!"

도대체 고 변호사는 무슨 짓을 저지른 것일까?

악성 댓글

댓글은 인터넷에 오른 원문에 대하여 짤막하게 답하여 올리는 글이야.

우리 학교 오늘 뉴스 (사건·

① 김하나 뉴스 오늘
구독자 ㅇㅇ명

@ ABCDEFG
영상 잘 보았습니다.

@ cccmmmm
언제 봐도 멋져요.

댓글은 사이버 공간에서 자신의 의견이나 주장을 펼 수 있는 좋은 기능이 있지만,

@ Tokki
사건의 핵심을 잘 파악한 글이네요.

@ Justice Yu
사례를 좀 더 넣으면 좋겠어요.

ㄴ① @김하나 뉴스
좋은 의견 감사합니다.

누가 썼는지 알기 어렵다는 점을 악용해 남을 공격하고 비난하거나, 허위 사실을 퍼뜨리는 등의 문제도 있어.

이렇게 악의적으로 올린 댓글을 '악성 댓글', 또는 '악플'이라고 부르지.

악성 댓글
리플(reply)
↓
악플

악성 댓글은 유명인뿐만 아니라, 일반인에게까지 퍼져 사회적으로 문제가 되고 있어.

악성 댓글은 쉽게 전파되어 피해가 크기 때문에 「정보 통신망법」을 적용해 무겁게 처벌하고 있어.

「정보 통신망 이용 촉진 및 정보 보호 등에 관한 법률」 제70조(벌칙)
① 사람을 비방할 목적으로 ~ 다른 사람의 명예를 훼손한 자는 3년 이하의 징역 또는 3,000만 원 이하의 벌금에 처한다.
② 사람을 비방할 목적으로 ~ 거짓의 사실을 드러내어 다른 사람의 명예를 훼손한 자는 7년 이하의 징역, 10년 이하의 자격 정지 또는 5,000만 원 이하의 벌금에 처한다.

최근에는 악성 댓글로 고통받는 사람들에게 용기와 희망을 주는 선한 댓글을 달자는 운동을 하고 있지.

악의적으로 남을 공격하거나 허위 사실을 퍼뜨리는 댓글

양심을 지켜라!

가게에서 한참을 떨어진 골목길에 접어들어서야 고 변호사는 달리는 것을 멈췄다.

"헉헉, 헉헉!"

고 변호사가 숨을 헐떡이고 있는데, 뒤따라 뛰어오던 아이들도 도착했다.

"헉, 헉!"

모두 가쁜 숨을 몰아쉬고 있는데, 유정의가 의아한 표정으로 물었다.

"그런데 왜 도망치신 거예요?"

화장실에 갔다 온다더니, 갑자기 줄행랑을 쳤으니 말이다. 고 변호사가 씩 웃더니, 휴대 전화를 꺼내 동영상을 재생해 보여 주었다.

"증거를 잡았어요."

증거라는 말에 모두 솔깃해 모여들었다. 그런데 동영상을 찍은 곳은 주방이 아니었다. 어두컴컴하고 뭔가 잔뜩 쌓여 있는데, 그 사이에 커다란 냉동고가 있었다. 그리고 영상에는 냉동고 안에 든 돼지고기 덩어리들이 찍혀 있었다.

"이게 뭐예요?"

양미수가 어이없는 표정으로 물었다. 음식물을 재사용하는 장면을 찍은 줄 알았는데, 돼지고기만 잔뜩 찍혀 있으니 말이다. 다른 아이들의 표정도 마찬가지였다.

그런데 다음 순간, 이범은 돼지고기에 붙은 스티커를 발견하고 말했다.

"어, 멕시코산이네요!"

돼지고기 덩어리에 붙어 있는 원산지 표시 스티커에 '멕시코'라고 쓰여 있었기 때문이다. 돼지고기가 멕시코에서 수입된 것이라는 뜻이다. 이범의 말에 고 변호사는 의미심장한 표정으로 고개를 끄덕였다.

하지만 다른 아이들은 둘의 말을 이해하지 못한 표정이다. 유정의가 물었다.

"멕시코산이 왜요?"

그때, 양미수가 식당 벽면에 붙어 있던 원산지 표시판을 떠올리며 말했다.

"가만, 국내산 한돈이라고 쓰여 있었는데!"

그러자 권리아가 눈이 동그래지며 물었다.

"원산지를 속인 거예요?"

고 변호사가 빙긋 웃으며 대답했다.

"맞아요, 혹시나 해서 확인해 봤더니, 멕시코산이더라고요."

고 변호사는 방상숙이 음식물을 재사용하고, 아르바이트생을 마구 자르는 등 불법을 일삼고 있으니, 원산지 또한 속였을 가능성이 있다고 생각했다. 그래서 밥을 먹으며 창고의 위치를 확인하고, 혹시 사진 찍다 들킬 수도 있으니 아이들을 먼저 밖에 나가 있게 했다. 그리고 화장실에 가는 척하며 창고에 가서 사진을 찍었는데, 방상숙에게 들키는 바람에 줄행랑을 친 것이다.

이범이 반기며 말했다.

"원산지를 속여 판 것은 「농수산물의 원산지 표시 등에 관한 법률」을 위반한 것이니, 신고할 수 있겠네요."

「농수산물의 원산지 표시 등에 관한 법률」은 줄여서 「원산지 표시법」이라고도 한다. 소비자의 알권리를 보장하여 생산자와 소비자를 보호하는 것을 목적으로, 농산물과 수산물 그리고 그 가공품 등에 대하여 원산지를 표시하도록 규정한 법률이다.

고 변호사가 설명했다.

"네, 원산지 표시를 거짓으로 하거나 원산지를 위장하여 판매하면 최대 7년 이하의 징역 또는 1억 원 이하의 벌금형에 처하도록 되어 있습니다. 또 2년 이내에 2회 이상 위반한 자에게는 그 위반 금액의 5배 이하에 해당하는 금액의 과징금을 부과할 수 있습니다."

권리아가 고 변호사의 계획을 알아채고 말했다.

"그럼 일단 원산지 표시 위반으로 신고해 수사를 받게 한 다음, 음식물 재사용 건에 대해서도 추궁해 보면 되겠네요."

"그렇죠."

고 변호사가 대답하자, 유정의가 재빨리 휴대 전화로 검색하고 말했다.

"농축산물 부정 유통 신고 센터에 전화하거나, 국립 농산물 품질 관리원 홈페이지에 신고하면 돼요."

고 변호사가 명령했다.

"그럼 유 변호사님이 증거 자료 첨부해서 신고하시고요. 다른 분들은 직원들 퇴근할 때 만나 보세요. 증언해 줄 사람이 있는지."

아이들이 신나서 대답했다.

"네, 변호사님!"

농수산물

농수산물이란 농산물과 수산물을 함께 이르는 말이야.

농산물은 농업을 통해 얻는 생산물로, 식물성인 것과 동물성인 것으로 나눌 수 있어.

식물성 농산물에는 곡식, 채소, 과일, 꽃과 나무와 같은 화훼 작물 등이 있지.

농산물과 수산물을 함께 이르는 말

농수산물의 원산지 표시 등에 관한 법률

식당에 가 보면, 음식을 만드는 데 사용한 재료의 원산지를 표시해 놓은 판을 볼 수 있어.

원산지 표시

음식명	품목	원산지
공깃밥	쌀	국내산
삼겹살	돼지고기	국내산
등심	소고기	국내산
김치	고춧가루	국내산
	배추	국내산

이는 「농수산물의 원산지 표시 등에 관한 법률」에 따른 것이야.

줄여서 「원산지 표시법」이라고도 하지.

소비자는 자신이 먹는 음식물의 원산지를 알권리가 있기 때문에 원산지를 표시하도록 법으로 정해 놓은 것이지.

국내산 돼지고기 맞죠?

그럼요.

원산지에 따라 가격이나 품질 차이가 크거든.

또 원산지를 표시하지 않거나 거짓으로 표시함으로써 소비자가 입을 피해를 줄이기 위해 관련 규정을 만들어 놓았어.

원산지를 표시하지 않으면, 1,000만 원 이하의 과태료를 부과하고,

제5조(원산지 표시)
③ 식품 접객업 및 집단 급식소를 설치, 운영하는 자는~ 그 농수산물이나 그 가공품의 원료에 대하여 원산지를 표시해야 한다.

거짓으로 표시하면, 7년 이하의 징역이나 1억 원 이하의 벌금에 처할 수 있고, 과징금을 부과할 수도 있지.

제6조(거짓 표시 등의 금지)
① 누구든지 다음 각 호의 행위를 하여서는 아니 된다.
1. 원산지 표시를 거짓으로 하거나 이를 혼동하게 할 우려가 있는 표시를 하는 행위

과징금 규약 위반에 대한 제재로 징수하는 돈

소비자의 알권리를 보장하기 위해 만들었다.

증거가 없어 이대로 사건을 해결하지 못하나 했는데, 고 변호사가 전혀 다른 시각으로 해결 방법을 찾은 것이다. 하기야 변호사가 된 후, 다른 사람보다 훨씬 빨리 시니어 변호사가 될 정도로 실력이 뛰어난 고 변호사가 아니던가. 아이들은 고 변호사의 능력에 감탄했다.

잠시 후, 유정의는 사무실에 들어가서 농축산물 부정 유통 신고 센터에 전화해 돼지 조아가 원산지를 속여 팔고 있다고 신고했다. 그리고 고 변호사가 찍은 원산지 표시판 사진과 냉동 창고에서 찍은 동영상을 증거로 보냈다.

이제 담당 공무원이 현장에 출동해 가게 사장 방상숙이 참여한 상태에서 냉동고에 있는 돼지고기의 원산지와 장부 등을 조사할 것이다. 그리고 위반 행위의 증거를 확보해 원산지를 거짓 표시한 혐의가 드러나면, 방상숙을 형사 입건하고, 검찰에 사건을 송치할 것이다.

그런데 신고를 하고 난 유정의가 눈이 동그래져 말했다.

"신고 포상금도 준다는데!"

신고 포상금이란, 신고한 것을 칭찬하고 장려하여 상으로 주는 돈을 말한다. 소비자의 관심을 유도해 원산지 표시 제도가 자율적으로 관리되고 감시되어 잘 운영되게 하기 위해 만든 제도이다.

"그래?"

권리아와 양미수가 묻자, 유정의가 설명했다.

"응, 징역 또는 벌금형이 확정되거나 기소 유예 처분이 된 경우 또 과태료를 납부한 경우 등 조건이 있지만 말이야."

양미수가 궁금한 표정으로 물었다.

"얼마를 주는데?"

유정의가 농림 축산 식품부에서 고시한 내용을 살펴보며 말했다.

"위반 물량을 실제 거래한 금액 또는 과태료가 부과된 금액에 따라 달라지는데, 최소 10만 원에서 최대 1,000만 원."

"우와!"

아이들이 입을 쩍 벌리며 놀라자, 이범이 지적했다.

"보상금을 타려고 신고한 건 아니잖아."

"그래도 보상금을 타면 좋죠. 헤헤."

권리아의 말에 유정의와 양미수도 같은 생각이라는 듯 고개를 끄덕였다. 이범이 어이없는 듯 피식 웃더니 말했다.

"그나저나 가게의 직원들이 사실대로 말해 줄지, 그게 걱정이네."

음식물 재사용에 대한 증거를 확보하지 못했으니, 이제 기대할 것은 직원들의 증언밖에 없기 때문이다.

포상금

칭찬하고 장려하여 상으로 주는 돈

유정의가 의견을 말했다.

"원산지를 거짓으로 표시한 것을 직원들도 모를 리가 없잖아요. 그걸로 압박하면 어떨까요?"

권리아가 동의했다.

"저도 그렇게 생각해요. 그리고 음식물 재사용 건은 사장 혼자 벌인 일은 아닐 거예요. 직원들도 분명히 동조하고 가담했겠죠. 그러니 사장이 시켜서 한 일이라도 직원들도 「식품 위생법」 위반 혐의로 처벌받을 수 있잖아요. 그걸 알려 주면서 자수를 유도해 보는 게 좋겠어요."

그러자 양미수가 생각난 듯 물었다.

"그런데 구청에서 조사원이 나갔을 때 직원들이 음식물을 재사용한 적 없다고 거짓말을 했잖아요. 그럼 증거 인멸죄에도 해당되는 거 아닌가요?"

증거 인멸죄는 형사 사건에서 증거를 없애거나 감추거나 위조하는 등의 행위를 하는 죄를 말한다.

이범이 설명했다.

"증거 인멸죄는 타인, 즉 다른 사람의 사건에 관해서만 성립되고, 자신의 사건에 대해서는 성립되지 않아. 사장과 직원들 모두 「식품 위생법」 위반 행위를 저질렀고, 자신의 사건에 대해 거짓말을 한 것이니까, 증거 인멸죄는 성립하지 않는 거

지."

"아, 그렇군요."

양미수가 깨달은 듯 고개를 끄덕였다. 역시 이범은 법률에 대해서는 모르는 게 없다.

"가게 앞에서 기다렸다가 직원들 퇴근하면 만나 보자."

이범의 말에 아이들이 대답했다.

"네."

아이들은 저녁때가 되기를 기다렸다. 그리고 돼지 조아 바로 앞에 위치한 카페에서 직원들이 퇴근하길 기다렸다. 손님들이 모두 나가고, 밤 10시 가까이가 되어서야 직원들이 가게에서 나왔다. 다행히 방상숙은 함께 나오지 않았는데, 1명은 먼저 퇴근했는지 없었고, 3명이었다.

아이들은 직원들을 불러 세웠다. 그리고 이범이 명함을 내밀며 말했다.

"저희들은 법무 법인 지음의 변호사들입니다."

변호사라는 말에 직원들은 어리둥절한 표정을 지었다. 나이 어린 아이들이 변호사라고 하니 놀라고, 변호사가 자신들을 만나러 온 이유가 뭘까 의아한 것이다. 나이가 제일 많아 보이는 아주머니가 아이들과 명함을 번갈아 보며 물었다.

"그런데 변호사님들이 무슨 일로……."

인멸이란 자취도 없이 모두 없애는 것을 말해.

타인의 사건에 관한 증거를 없애거나 감추거나 위조했을 때는 형법에 의해 증거 인멸죄로 처벌받아.

「형법」 제155조(증거 인멸 등과 친족 간의 특례)
① 타인의 형사 사건 또는 징계 사건에 관한 증거를 인멸, 은닉, 위조 또는 변조하거나 위조 또는 변조한 증거를 사용한 자는 5년 이하의 징역 또는 700만 원 이하의 벌금에 처한다.

하지만 자신의 범죄에 관련된 증거를 인멸한 경우에는 처벌받지 않아.

휴대 전화 어딨어요?

모릅니다.

타인의 사건에 관한 증거를 인멸하면 증거 인멸죄로 처벌받는다.

아주머니의 이름은 손숙희였고, 다른 두 사람은 김혜윤, 박서영이었다. 이범이 단도직입적으로 물었다.

"가게에서 아르바이트를 했던 이원근 학생을 아시죠?"

이원근의 이름이 나오자, 직원들의 표정이 굳어졌다. 손숙희가 단호한 말투로 말했다.

"알긴 하죠. 그런데 저희는 그 학생에 대해서는 할 말이 없어요."

그러자 권리아가 나섰다.

"음식물 재사용한 거 사실이잖아요. 모두 「식품 위생법」 위반 혐의로 처벌받을 수 있습니다."

처벌받는다는 말에 직원들이 깜짝 놀라며 되물었다.

"처벌이요? 저희도요?"

이범이 대답했다.

"네, 직원분들도 동조하고 가담하셨으니까 최소 벌금형에 처해질 수 있습니다."

김혜윤이 겁먹은 표정으로 물었다.

"벌금이 얼마나 나오는데요?"

"200만 원에서 300만 원 정도 될 겁니다."

이범의 대답에 직원들은 당황하는 모습이 역력했다.

"그렇게나 많아요?"

박서영이 묻자, 양미수가 설득을 시작했다.

"그러니까 이제라도 자수하시는 게 좋습니다. 자수를 하시면 정상을 참작해서 벌금이 줄어들 수 있거든요."

직원들이 경찰서에 가서 음식물을 재사용했다고 자수하면, 이원근이 신고한 내용은 사실이 된다. 그러면 방상숙이 고소한 업무 방해와 명예 훼손은 무혐의 처분을 받게 될 것이다. 또 직원들도 벌을 안 받을 수는 없지만, 자수하고 반성하는 모습을 보이면, 벌금이라도 줄일 수 있을 것이다.

"자수를 하라고요?"

손숙희가 예민한 반응을 보였다. 자수를 한다는 것은 방상숙을 배반하는 행위라고 생각하는 듯했다. 다른 직원들도 망설이자, 유정의가 새로운 사실로 압박했다.

"불법 행위가 음식물 재사용만이 아닌 것을 알고 계시죠? 원산지를 거짓으로 표시한 것도 다 알고 계시잖아요."

순간, 직원들의 얼굴이 하얘졌다. 아이들이 원산지를 거짓 표시한 것에 대해서 알고 있을 거라고는 생각하지 못했기 때문이다. 그제야 손숙희가 자포자기한 표정으로 물었다.

"우리가 어떻게 해야 되겠어요?"

아이들은 직원들을 데리고 카페로 갔다. 그리고 원산지를 거짓 표시한 행위는 이미 신고했다는 소식을 전했다. 이범이 설명을 보탰다.

"조사 나가고, 형사 입건되고, 검찰에 송치되고, 행정 처분 받고 하면, 당분간은 장사를 하지 못하게 될 겁니다."

어차피 가게에서 일을 하지 못하게 될 테니, 더 이상 망설이지 말라는 뜻이다. 결국 직원들은 결심을 굳혔다.

"자수하겠습니다."

마침내 증인을 확보하는 데 성공한 것이다. 그리고 그 후의 일은 일사천리로 진행되었다. 일사천리(一瀉千里)란, 강물이 빨리 흘러 천 리를 간다는 뜻으로, 어떤 일이 거침없이 빨리 진행되는 것을 이르는 말이다.

다음 날, 이범은 이원근이 경찰 조사를 받으러 가는 데 함께 갔다. 이원근은 아르바이트를 하며 자신이 본 그대로를 진술했다. 그리고 손숙희, 김혜윤, 박서영은 약속대로 경찰서에 와서 돼지 조아에서 음식물을 재사용했다는 사실을 털어놓았다. 이원근이 거짓으로 신고한 것이 아님이 명백해진 것이다.

경찰이 조사를 마치고 말했다.

"직원들이 자수를 했으니, 고소인 방상숙 씨가「식품 위생법」위반 혐의를 저지른 것이 사실임이 밝혀졌습니다. 그러니까 이원근 씨가 그 일을 신고한 것은 명예 훼손이나 업무 방해에 해당되지 않기 때문에 무혐의 처분이 날 겁니다."

"감사합니다. 정말 감사합니다."

이원근이 고개를 숙여 감사 인사를 했다. 그리고 경찰서에서 나오자, 직원들에게도 인사했다.

"도와주셔서 감사합니다."

손숙희가 미안한 표정으로 말했다.

"내가 미안하지. 먹고 사는 데 급급해서 불법 행위인 줄 알면서도 가담하고, 또 사장님이 학생을 혼내고 그만두라고 할 때도 나서 주지 못했어. 어른으로서 부끄럽다."

"그래도 이제라도 진실을 밝혀 주셨으니 다행입니다."

이범이 위로했다. 벌금이라도 줄여 보려고 자수를 한 것이긴 하지만, 그래도 결과적으로는 이원근의 무죄를 밝히는 중요한 증언을 해 준 것이니 말이다.

한편, 원산지를 거짓으로 표기한 것에 대한 신고가 접수되자, 담당 공무원들은 불시에 돼지 조아에 들이닥쳤다. 그리고 가게에 저장되어 있는 각종 재료들과 거래 내역을 샅샅이 뒤졌다. 그 결과, 멕시코산 돼지고기를 국내산으로 속여 판 것뿐만 아니라, 김치도 중국산을 국내산으로 속여 팔았던 것으로 드러났다.

결국 방상숙은 「원산지 표시법」 위반 혐의로 입건되었다. 그리고 경찰 조사 결과, 방상숙이 음식물을 재사용했다는 것이 밝혀지자, 구청에서는 방상숙을 「식품 위생법」 위반 혐의로 경찰에 고발했다.

권리아가 이원근에게 권했다.

"방상숙 씨가 없는 죄를 뒤집어씌우려고 했으니, 무고 혐의로 고발할 수 있습니다. 어떻게 하실래요?"

무고란 타인으로 하여금 형사 처분 또는 징계 처분을 받게 할 목적으로, 수사 기관이나 행정 기관에 허위의 사실을 신고한 것을 말한다. 무고죄는 10년 이하의 징역 또는 1,500만 원 이하의 벌금에 처할 수 있다.

이원근이 잠시 생각하더니, 단호한 목소리로 말했다.

"하겠습니다. 법 무서운 줄 모르고, 온갖 불법 행위를 저지르는 사람에게는 본때를 보여 줘야죠."

권리아가 미소를 지으며 대답했다.

"그럼 준비하겠습니다."

그리고 방상숙을 무고 혐의로 고발하는 고소장을 작성해 경찰서에 제출했다. 그래서 방상숙은 「식품 위생법」 위반, 「원산지 표시법」 위반, 무고, 이렇게 모두 세 가지의 혐의로 재판에 넘겨지게 되었다.

양미수가 생각난 듯 이원근에게 물었다.

"맞다! 덜 받은 임금은 어떻게 됐어요? 받았어요?"

이원근이 대답했다.

"네, 노동 위원회에 구제 신청을 했더니, 조사관이 방상숙에게 임금을 주라고 했답니다. 이틀 후에 12만 원을 마저 보냈더라고요."

유정의가 어이없는 표정으로 말했다.

"진즉에 제대로 줬으면 이런 사태까지 벌어지지 않았을 텐데 말이죠."

그러자 권리아가 말했다.

"아니죠, 덕분에 방상숙 씨의 불법 행위가 모두 밝혀지고 벌을 받게 되었으니 오히려 잘된 일이죠. 이원근 씨는 힘들었지만요."

이원근이 웃으며 말했다.

"처음에는 힘들었는데, 변호사님들이 발 벗고 도와주시니 지금은 괜찮습니다. 솔직히 통쾌한 기분도 들고요. 역시 변호사 어벤저스입니다. 하하."

이원근이 엄지손가락을 치켜세우자, 아이들은 기분이 좋았다. 또 변호사 어벤저스라며 찾아온 첫 의뢰인인데, 무사히 사건을 해결하게 된 것도 다행이라는 생각이 들었다.

평등의 시대를 연 브라운 재판

공립 학교의 인종 차별이 위헌이라는 대법원의 판결을 받아냈다.

이범이 고 변호사에게 물었다.

"방상숙 씨는 어느 정도의 벌을 받게 될까요?"

고 변호사가 대답했다.

"지은 죄가 세 가지나 되는 데다, 죄 없는 사람을 무고하는 등 죄질이 좋지 않으니까, 벌금 500만 원에 징역 1년 정도가 나오지 않을까요?"

양미수가 화들짝 놀라며 되물었다.

"실형이 나온다고요?"

권리아가 당연하다는 듯 말했다.

"그동안 가게를 찾아온 손님들을 기만하고, 앞날이 창창한 젊은 사람을 고소까지 했는데, 그 정도 벌은 받아야죠."

'앞날이 창창하다'는 말은 앞날이 많이 남아서 희망이 있다는 뜻이다.

이범이 이원근에게 의견을 물었다.

"방상숙 씨가 합의하자고 할 수도 있는데, 그러면 어떻게 하시겠어요?"

이원근이 물었다.

"합의하면 어떻게 되는데요?"

고 변호사가 대답했다.

"일단 합의금을 제시할 테니, 합의하면 이원근 씨는 합의금을 받게 될 거고요. 방상숙 씨는 재판부에 합의했으니, 징역은 면하게 해 달라고 할 거예요. 그럼 집행 유예 정도가 나올 것으로 예상됩니다."

이원근은 한참을 고민하더니 말했다.

"솔직히 징역까지 살게 하는 건 두고두고 마음에 걸릴 것 같아요. 합의하자고 하면 하겠습니다."

그리고 다음 날, 이범의 예상대로 방상숙은 합의금으로 500만 원을 줄 테니 합의해 달라고 연락했다.

"이원근 씨에게 진심으로 사과하는 게 먼저 아닐까요?"

이범의 말에 방상숙은 기죽은 목소리로 말했다.

"그럼요, 사과해야죠."

그날 오후, 방상숙은 변호사 사무실로 와서 이원근에게 사과했다.

"불법을 저지르고, 어린 학생을 고소까지 하고, 내가 정말 잘못했어. 미안해. 용서해 줘."

이원근이 단호한 목소리로 말했다.

"잘못했다고 하시니, 용서해 드리겠습니다. 앞으로는 양심을 지키고 사시기 바랍니다."

방상숙이 고개를 끄덕이며 대답했다.

"그래, 그럴게. 합의해 줘서 고맙다."

이제 방상숙은 재판을 받고 그에 맞는 벌을 받게 될 것이다. 이원근이 합의했으니 양형에 참작이 될 것이지만, 그래도 벌금과 집행 유예는 면치 못할 것이다. 또 영업 정지 등의 행정 처분도 받게 될 것이다.

한편, 직원들도 「식품 위생법」 위반 혐의로 벌금 100만 원을 선고받았다. 그나마 자수를 했기 때문에 벌금이 줄어든 것이었다.

사건을 잘 마무리하고 나니, 유정의는 고 변호사와 도망쳤던 일이 떠올랐다.

"맞다, 그때 진짜 웃겼어요. 푸하하!"

유정의가 갑자기 웃음을 터뜨리자, 모두 의아한 표정으로 쳐다봤다. 유정의가 설명을 덧붙였다.

"고 변호사님이 '뛰세요!' 했을 때 말이에요. 전 정말 고 변호사님이 뭐라도 훔친 줄 알았다니까요. 하하."

양미수도 재미있다는 듯 웃었다.

"하하. 저도 진짜 뭔지도 모르고 냅다 뛰었잖아요."

고 변호사가 머쓱한 표정으로 말했다.

"아니, 방상숙 씨가 도끼눈을 뜨고 달려드니까……."

동영상을 찍다 들키자, 방상숙이 고 변호사의 휴대 전화를 빼앗으려고 무섭게 달려들었다는 것이었다.

"여하튼 고 변호사님 덕분에 이번 사건을 해결할 수 있었어요. 정말 대단하세요."

권리아가 고 변호사를 치켜세우자, 이범도 인사했다.

"이번에도 많이 배웠습니다."

고 변호사가 겸연쩍은지 손사래를 치며 말했다.

"아유, 뭐 나 혼자 했나요. 같이 한 거지."

그러더니 갑자기 시계를 보며 말했다.

"시간이 벌써 이렇게 됐네. 흠흠. 자, 그럼 퇴근들 하세요."

그리고는 황급히 회의실을 나가는 것이었다. 쑥스러워 그러는 것이지, 싫은 표정이 아니었다. 아이들은 이번 일로 고 변호사와 좀 더 가까워진 느낌이 들었다. 왠지 진정한 한 팀이 된 것 같다고나 할까?

블랙 컨슈머인가?

다음 날, 아이들이 아침 회의를 막 시작하려고 할 때였다. 노크 소리가 들려 하 사무장인가 했더니, 한 대표였다. 고 변호사와 아이들이 놀라며 일어났다.

"대표님!"

"안녕하세요?"

아이들이 인사하자, 한 대표가 미안한 표정으로 말했다.

"회의 중에 미안한데, 사건을 의뢰하고 싶다는 분이 계셔서요."

그러더니 비켜서는데, 빵집 맛빵의 사장, 강수만이 서 있는 것이 아닌가.

"안녕하세요?"

강수만이 인사하더니, 아이들을 기억하고 말했다.

"아, 빵집에 오시던 분들이네요."

빵집에 두세 번 정도 갔었는데, 아이들의 얼굴을 기억하고 있었다. 아이들도 인사했다.

"아, 네. 안녕하세요?"

인사는 그렇게 했지만, 강수만은 전혀 안녕하지 못한 모습이었다. 아이들은 빵집에 갔다가 목격한 일이 생각났다. 한 아주머니가 빵집에서 산 단팥빵에서 바퀴벌레가 나왔다고 소리치고 난리를 피운 일 말이다. 그 일로 마음고생이 심했는지 강수만은 얼굴이 핼쑥해지고 살이 많이 빠져 있었다. 그런데 강수만이 변호사 사무실에는 무슨 일로 온 것일까?

아이들이 의아해하고 있는데, 한 대표가 간단하게 상황을 설명했다.

"맛빵의 빵에서 이물이 나온 사건으로 의논하고 싶은 일이 있어서 모시고 왔습니다. 사건 내용을 잘 들어 보시고 좀 도와 드리세요."

고 변호사와 이범은 모르는 일이기에 어리둥절한 표정이다. 하지만 한 대표가 말하니, 고 변호사는 대답했다.

"네, 알겠습니다."

"그럼 잘 부탁드립니다."

한 대표가 인사하고 회의실을 나가자, 고 변호사가 강수만에게 물었다.

"빵에서 이물이 나왔다고요?"

강수만이 권리아, 양미수, 유정의를 쳐다보며 말했다.

"네, 변호사님들도 보셨지만, 손님 한 분이 제가 만든 단팥빵에서 바퀴벌레가 나왔다고 오셨었어요."

아이들이 봤다는 말에 고 변호사와 이범이 아이들을 쳐다봤다. 권리아가 설명했다.

"빵 사러 갔다가 봤습니다."

그리고 빵에서 바퀴벌레가 나왔다는 소리를 듣고 찜찜해서 골랐던 빵을 슬쩍 내려놓고 나왔던 일이 생각나 미안한 마음이 들었다. 그 이후, 이원근의 사건을 해결하느라 바빠서 잊고 있었는데, 그 일로 또 다른 일이 생긴 것일까?

고 변호사와 이범이 알겠다는 듯 고개를 끄덕이자, 권리아가 강수만에게 물었다.

"그 일이 잘 해결되지 않으셨나 봐요."

그러니 변호사 사무실을 찾아온 것 아니겠는가. 강수만이 한숨을 푹 내쉬며 대답했다.

"네, 온 동네에 벌레 나온 집이라고 소문이 나서, 가게 문을 닫아야 할 형편입니다."

사람이 먹는 식품에서 이물, 그것도 바퀴벌레가 나왔다는 것은 큰일이다. 그래서 「식품 위생법」 제46조에 따르

  식품에서 이물

면, 영업자는 소비자로부터 판매 제품에서 섭취할 때 위생상 해를 미칠 수 있거나 섭취하기에 부적합한 물질, 즉 이물을 발견한 사실을 신고받은 경우에는 지체 없이 식품 의약품 안전처장, 시도지사 또는 시장, 군수, 구청장에게 보고해야 한다.

"이물이 나왔다고 신고는 하셨나요?"

이범이 묻자, 강수만이 대답했다.

"네, 그날 저녁에 했습니다. 그런데 그 아주머니가 벌레가 나왔다며 당장 신고할 거라고 하도 화를 내고 소리를 치셔서 결국 보상금으로 100만 원을 주고 합의를 했거든요."

그 아주머니의 이름은 소주연이라고 했다. 유정의가 어이없는 표정으로 물었다.

"100만 원이요? 너무 많이 드린 거 아니에요?"

신고를 한다고 해도, 첫 번째 위반한 것이고, 작은 벌레는 그래도 경미한 사안에 해당되므로, 시정 명령 정도로 끝날 수 있었을 것이다. 그리고 다음부터는 절대 그런 일이 없도록 조심하면 되었을 텐데, 보상금으로 100만 원이나 주었다니 좀 지나치다는 생각이 든 것이다.

"신고는 저도 해야 하는 거니까 어쩔 수 없다고 생각했는데, 온 동네에 소문낼 거라고, 그럼 가게 문을 닫게 될 거라고 하니까 줄 수밖에 없었어요."

식품에서 이물이 나오면?

이물이란 식품을 만들 때 정상적으로 사용된 재료가 아닌 것으로,

이물(異物)
다를(이) 물건(물)

섭취하면 위생상 해가 발생할 수 있거나, 섭취하기에 적합하지 않은 물질을 말해.

헉! 벌레가 들어갔어!

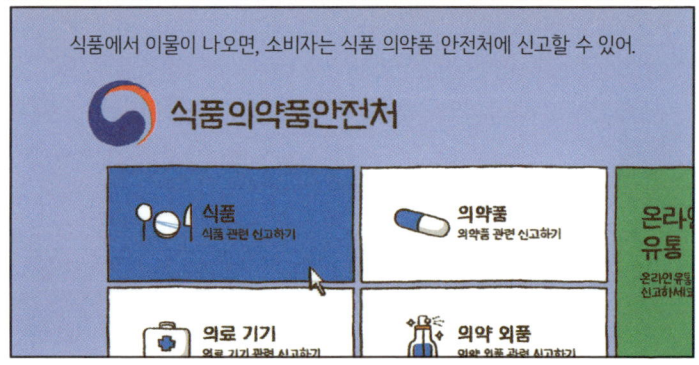

식품에서 이물이 나오면, 소비자는 식품 의약품 안전처에 신고할 수 있어.

식품의약품안전처

식품 의약품 안전처에 신고하고 보고해야 한다.

강수만의 대답에 권리아는 소리를 지르며 화를 내던 소주연의 모습이 떠올랐다.

"거의 협박을 한 거네요."

권리아의 말에 고 변호사가 물었다.

"그런데 소주연 씨가 돈을 받고도 소문을 낸 건가요?"

온 동네에 벌레 나온 집이라고 소문이 나서 가게 문을 닫게 생겼다고 했으니 물어보는 것이다.

강수만이 고개를 저으며 대답했다.

"아니요, 그 아주머니와는 그걸로 끝났습니다. 그런데 그때 빵집에 있던 손님 중에 동네 어머님들이 계셨었거든요. 그 어머님들이 동네 커뮤니티에 그 얘기를 올렸나 봐요. 다음 날 보니까 온 동네에 소문이 쫙 퍼졌더라고요. 항의하러 오는 손님들도 몇 분 계셨고요."

양미수가 안타까운 표정을 지으며 말했다.

"보상금도 주시고, 소문도 나고 그런 거네요."

그러자 이범이 근본적인 질문을 했다.

"자, 그럼 우선, 빵에서 벌레가 나온 것은 인정하시는 건가요?"

강수만이 괴로운 표정으로 대답했다.

"아무리 생각해도 그게 이상해요. 제가 빵을 만든 게 30년

이 넘어요. 이 동네에서도 20년을 넘게 장사했고요. 장사하면서 제가 가장 중요하게 생각하는 것이 바로 청결입니다. 그래서 전문 방역 업체에 맡겨서 정기적으로 소독과 점검을 하고 있거든요. 사건 이틀 전에도 소독과 점검을 했고, 깨끗하다는 결과를 받았습니다."

이범이 강수만의 말을 정리해 되물었다.

"벌레가 나올 리 없다는 말씀인 거죠?"

"네, 몇 번을 다시 생각해도 그렇습니다."

고 변호사가 고개를 끄덕이더니 물었다.

"좋습니다. 여하튼 동네에 소문이 나서 가게를 폐업하게 됐다는 말씀인데, 저희가 무엇을 도와드리면 되겠습니까?"

강수만이 머리를 긁적이며 대답했다.

"그건…… 저도 잘 모르겠어요. 무얼 도와주실 수 있는지."

이건 또 무슨 소리인가. 변호사 사무실에 사건을 의뢰하러 왔는데, 무엇을 도와줄지 모르고 왔다니.

고 변호사와 아이들이 의아해하자, 강수만이 말을 이었다.

"사실 대표님이 어제 지나가시다가 제가 빵집에 우두커니 앉아 있으니까 들어오셨어요. 그래서 제가 사정 이야기를 하니까 아주 유능한 변호사님들이 있다고, 잘 도와주실 거라고 해서 온 겁니다."

그러니까 의뢰인이 사건을 의뢰한 것이 아니라, 한 대표가 먼저 도와주겠다고 나섰다는 것이다. 아이들은 한 대표의 성격으로 봐서 충분히 가능한 일이라고 생각했다. 한 대표는 검사 시절부터 불의를 보면 참지 못하고, 불쌍한 사람은 그냥 지나치지 못하는 사람으로 유명했다고 들었다. 그러니 아무리 강수만이 잘못한 일이라 할지라도 가게 문을 닫게 생겼다는 말에 모른 척할 수는 없었을 것이다.

고 변호사가 잠시 생각하더니 물었다.

"여하튼 가게 문을 닫지 않고 계속 장사를 하고 싶으신 거죠?"

강수만이 반색하며 대답했다.

"아유, 그럼요. 30년 넘게 빵만 만든 사람인데, 다른 일은 생각도 하지 못해요. 그렇다고 여기 장사를 접고 다른 곳에 가서 새로 가게를 열 형편도 못 되고요."

유정의가 고개를 갸웃하며 말했다.

"그런데 이미 한번 신뢰를 잃었는데, 되돌리기 쉬울까요?"

빵에서 벌레가 나온 더러운 빵집이라는 이미지가 생겼고, 그로 인해 손님이 뚝 끊긴 상황인데, 그 이미지를 벗어나기가 쉽지 않을 거라는 말이다.

양미수가 의견을 말했다.

"사과문을 돌리면 어떨까요? 잘못을 인정하고, 앞으로는 위생에 더 철저하게 신경을 쓰겠다, 이렇게요. 동네 커뮤니티 게시판에도 올리고, 전단지도 돌리고, 가게에도 써 붙이고요."

권리아가 고개를 갸웃하며 반대 의견을 냈다.

"사장님은 벌레가 나온 것을 인정할 수 없는데, 잘못을 인정하는 건 아닌 것 같아요. 그리고 그건 오히려 모르는 사람한테까지 '벌레 나온 빵집'이라고 소문을 내는 역효과가 나지 않을까요?"

그러자 이범이 단호한 표정으로 말했다.

"그럼 빵에서 벌레가 나온 게 아니라는 것을 증명하는 수밖에 없겠네요."

"그걸 어떻게 증명해요?"

유정의의 말에 양미수가 이범의 생각을 눈치채고 물었다.

"소주연 씨를 의심하는 건가요?"

"사장님 말씀대로 빵을 만들다가 들어간 벌레가 아니라면, 나중에 넣었다는 말인데, 신고 운운하면서 100만 원이나 되는 보상금을 받아 간 게 의심스럽잖아요."

이범의 대답에 유정의가 물었다.

"그럼 소주연 씨가 블랙 컨슈머라는 거예요?"

이범이 고개를 끄덕였다.

"좀 더 알아봐야겠지만, 그럴 수도 있다고 생각해요."

블랙 컨슈머란, 악성을 뜻하는 블랙과 소비자를 뜻하는 영어 컨슈머가 합성된 말이다. 구매한 상품을 문제 삼아 피해를 본 것처럼 꾸며, 악성 민원을 고의적, 상습적으로 제기하거나 보상을 요구하는 소비자를 뜻한다.

만약 블랙 컨슈머와 같이 피해 보상금을 요구하기 위해 이물 발견을 거짓으로 신고한 것이 드러나면, 「식품 위생법」 제98조에 의해 1년 이하의 징역 또는 1,000만 원 이하의 벌금에 처해진다.

권리아가 동의했다.

"저도 그런 것 같아요. 그날도 소주연 씨가 그럴 리 없다는 사장님의 말씀은 듣지도 않고 계속 화를 내고 소리를 지르더라고요."

양미수도 그때를 기억하고 말했다.

"맞아요, 저도 좀 과하다는 생각이 들었어요."

고 변호사가 고개를 끄덕이더니 강수만에게 물었다.

"소주연 씨가 빵집 단골인가요?"

"아니요, 단골손님은 제가 다 아는데, 처음 보는 얼굴이었어요."

강수만의 대답에 고 변호사가 아이들에게 말했다.

"좋습니다. 그럼 소주연 씨에 대해 좀 알아보세요."

"네!"

아이들이 대답하자, 강수만이 미안한 표정으로 대답했다.

"그리고 한 가지 더 여쭤볼 게 있는데요. 원래 저희 빵집이 우수 판매 업소로 지정되어 있었거든요."

"우수 판매 업소요?"

고 변호사가 되묻자, 강수만이 설명했다.

"네, 근처에 초등학교가 있어서 어린이 식품 안전 보호 구역 안에 들어가거든요."

2008년, 나라에서는 어린이들이 건강하게 자랄 수 있도록 「어린이 식생활 안전 관리 특별법」을 제정했다. 그 전까지만 해도 학교 앞에 있는 문구점이나 분식점 등에서 비위생적인 불량 식품을 많이 팔고 있었다. 그리고 그걸 먹은 어린이들이 배탈이 나는 등 건강에 이상이 생기는 사건이 종종 발생하면서 어린이들의 건강과 영양에 심각한 문제가 생길 수 있다는 염려가 끊임없이 제기되어 왔기 때문이다.

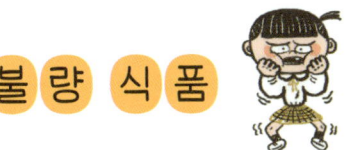

불량 식품

어린이 식생활 안전 관리 특별법

어린이가 건강하게 자라려면 안전하고 영양이 있는 식품을 먹어야 해.

그러기 위해서는 집뿐 아니라, 학교나 학교 주변에서 파는 먹거리들이 건강하고 안전해야 하지.

그런데 예전에는 학교 주변에 불량 식품을 파는 가게가 많았어.

그래서 어린이들에게 안전하고 영양을 고루 갖춘 식품을 제공할 수 있도록 「어린이 식생활 안전 관리 특별법」을 만들었지.

「어린이 식생활 안전 관리 특별법」 (어린이 식생활법)

학교와 학교 앞 200m 안의 구역을 '어린이 식품 안전 보호 구역'으로 지정해 관리하고,

어린이에게 해가 되지 않는 식품을 판매하도록 장려하기 위해 '어린이 기호 식품 우수 판매 업소'를 지정하는 것,

고열량, 저영양 식품

고카페인 함유 식품

기호식품 선호하거나 자주 먹는 음식물

그리고 어린이에게 식생활 관리에 필요한 안전 및 영양 교육을 실시하는 것 등을 규정해 놓았지.

어린이에게 안전하고 영양가 있는 식품을 제공하기 위한 법률

불량 식품

불량 식품은 인체에 해를 끼칠 수 있는 물질을 사용해 만든 식품을 말해.

불량(不良)식품
아닐(불) 어질(량)

건강을 해칠 우려가 있는 식품, 화학 첨가물이 지나치게 들어간 식품뿐만 아니라,

식품을 생산, 제조, 유통, 판매하는 단계에서 식품과 관련된 법을 위반한 제품을 모두 포함하지.

1. 허위·과장 광고 식품
2. 원산지 거짓 표시 식품
3. 무허가 제조 식품

인체에 유해한 물질을 사용해 만든 식품

그래서 어린이들에게 안전하고 영양을 고루 갖춘 식품을 제공하는 데 필요한 사항을 규정하는 법률이 필요하다는 여론이 형성되었고, 「어린이 식생활법」이 만들어진 것이다.

이 법의 제5조에 보면, 안전하고 위생적인 식품 판매 환경을 만들어 어린이를 보호하기 위하여 학교와 해당 학교의 경계선으로부터 직선거리 200미터 범위 안의 구역을 어린이 식품 안전 보호 구역으로 지정, 관리할 수 있다고 되어 있다.

또 제7조에는 어린이 식품 안전 보호 구역에서 안전하고 위생적인 시설 기준을 갖추고, 고열량, 저영양 식품과 고카페인이 든 식품을 판매하지 않는 업소를 어린이 기호 식품 우수 판매 업소, 줄여서 우수 판매 업소로 지정한다고 되어 있다. 그리고 이를 증명하는 로고 등을 업소에 표시하거나 광고에 사용할 수 있다고 규정하고 있다. 맛빵도 바로 그 우수 판매 업소로 지정되어 있었다는 말이다.

"그런데 동네 커뮤니티 회원들이 구청에 민원을 넣은 거예요. 빵에서 벌레가 나온 집이니, 맛빵의 우수 판매 업소 지정을 취소하라고요. 그 문제도 같이 좀 해결해 주시면 좋겠는데, 가능할까요?"

고 변호사가 대답했다.

"그건 빵에서 벌레가 나온 게 아니라는 것이 증명되면, 별

어려움 없이 해결될 수 있을 겁니다."

강수만이 반기며 인사했다.

"아유, 다행이네요. 감사합니다. 잘 부탁드리겠습니다."

그렇게 해서 아이들은 강수만의 사건을 맡게 되었다. 이범이 물었다.

"가게에 CCTV 있으시죠?"

"네, 있습니다."

강수만이 대답하자, 이범이 말했다.

"일단 CCTV부터 확인해 보겠습니다."

"그러세요. 같이 가시죠."

강수만의 말에 아이들은 함께 빵집으로 갔다. 그리고 소주연이 가게에 항의하러 온 날의 CCTV 영상을 확인했다. 아이들도 그 시간에 있었지만, 좀 더 객관적인 입장에서 소주연의 말과 행동을 파악하기 위해서다. 또 아이들이 빵집을 나간 후, 소주연이 돈을 요구했기 때문에 그 장면도 확인했다.

손님들이 다 나가고, 가게에 강수만과 아르바이트생만 남자, 소주연은 벌레가 든 빵을 강수만에게 들이대며 화를 냈다. 강수만이 계속 머리를 조아리며 사과하는데도 소주연은 화내는 것을 멈추지 않았다. 그리고 결국 강수만에게 100만 원을 통장으로 받고 나서야 빵집을 나갔다.

싱가포르 껌 금지법

싱가포르는 아시아 동남부에 위치한 섬나라야.

서울보다 약간 큰 도시가 국가의 형태를 띠고 있는 도시 국가이지만, 세계에서 가장 발전된 나라 중 하나지.

그런데 싱가포르에는 재미있는 법률이 있어. 바로 껌 금지법이지.

공공장소에서 껌을 씹고 뱉는 것뿐만 아니라, 껌을 사고파는 것도 금지하는 법률이야.

공공장소에서 껌을 씹고 뱉는 행위, 껌을 사고파는 행위를 금지하는 법률

민원

주민이 행정 기관에 원하는 바를 요구하는 일

영상에는 소리가 들리지 않아 정확하게 무슨 말을 했는지는 알 수 없었지만, 거의 1시간 가까이 강수만을 다그치고 윽박지르는 모습이었다.

영상을 다 본 후, 유정의가 말했다.

"블랙 컨슈머가 맞는 것 같네요. 그리고 한두 번 해 본 게 아닌 것 같은데요."

당황하는 강수만을 몰아붙여 결국 100만 원을 받아 내고야 마는 것이 처음 하는 솜씨로 보이지 않았기 때문이다.

이범이 강수만에게 물었다.

"문제가 된 빵은 언제 사 간 건가요?"

"그날 오전에 사 갔다고 했습니다."

강수만의 대답에 이범이 요청했다.

"그럼 오전 영상도 확인해 보죠."

"네."

강수만은 대답하고, CCTV 영상을 뒤로 돌렸다. 빨리 되감기를 하면서 아이들은 영상에 소주연이 나오나 찾았다. 양미수가 먼저 발견하고 외쳤다.

"여기예요."

영상을 멈춘 후 다시 재생하니, 소주연이 빵집 문을 열고 들어오는 모습이 찍혀 있었다. 그런데 소주연의 행동이 다른 손님들하고는 좀 달라 보였다. 빵을 고르는 척하며 가게 여기저기를 둘러보고, 또 강수만이 손님들과 웃으며 대화하는 모습을 뚫어지게 쳐다보는 등 확실히 수상한 행동을 했다.

권리아가 의심스러운 표정으로 말했다.

"분위기를 보는 것 같은데요."

소주연은 그렇게 한참을 머물더니, 결국 단팥빵 5개를 산 후 가게를 나갔다.

"계획적으로 접근했다는 느낌이 들긴 하네요."

이범이 말하더니, 강수만에게 물었다.

"소주연 씨를 만나 봐야 할 것 같은데, 전화번호를 아시나요?"

강수만이 아쉬운 표정으로 말했다.

"아니요, 그걸 물어봤어야 했는데, 못 물어봤어요."

소주연이라는 이름도 물어본 것이 아니라, 계좌 이체를 하면서 알게 된 것이라고 했다.

양미수가 아이디어를 냈다.

"빵집에는 처음 왔어도 동네 사람이지 않을까요? 그러니 영상을 사진으로 출력해서 동네 사람들한테 물어보면 어떨까요?"

이범이 동의하고, 강수만에게 다시 물었다.

"그 방법밖에 없겠네요. CCTV 영상은 저희가 좀 가져가도 될까요?"

"아, 네. 그럼요."

강수만이 대답하자, 유정의는 USB에 영상을 복사했다. 이범이 인사했다.

"그럼 저희가 찾아보고 연락드리겠습니다."

"네, 고생시켜서 미안해요."

강수만이 미안한 표정으로 말하자, 권리아가 위로했다.

"아니에요. 그리고 너무 걱정하지 말고 계세요. 잘될 거예요."

강수만이 며칠 사이 몸이 많이 상한 것 같아 하는 말이었다. 하지만 진짜 소주연을 찾아 사건의 진상을 밝힐 수 있을지는 확신이 서지 않았다.

사무실로 돌아온 아이들은 고 변호사에게 CCTV 영상을 보여 주었다. 그리고 동네를 돌며 소주연을 찾아보겠다고 하자, 고 변호사가 고개를 끄덕였다.

"사건 당사자의 의견을 들어 보는 게 가장 중요하니까 그렇게 하세요."

강수만은 그럴 리가 없다고 했지만, 소주연의 주장대로 진짜 빵에서 벌레가 나온 것일 수도 있고, 또 소주연이 과도하게 큰돈을 요구하고 받아 간 건 사실이지만, 블랙 컨슈머는 아닐 수도 있으니 말이다.

아이들은 CCTV 영상에서 소주연의 얼굴이 비교적 확실하게 찍힌 장면을 프린터로 출력했다. 그리고 동네를 돌며 소주연을 아는 사람이 있는지 찾았다. 하지만 해가 질 때까지 소주연을 아는 사람은 나오지 않았다.

권리아가 의견을 말했다.

"이 동네 사람은 아닌 것 같네."

유정의가 의기양양한 표정으로 말했다.

"이 동네 사람이 아닌데, 맛빵에 가서 빵을 샀다? 잘되는 동네 빵집을 골라 사기를 친 거라니까."

맛빵이 동네에서 유명하기는 하지만, 다른 동네 사람이 사러 올 정도로 유명하지는 않기 때문이다. 그렇다면 정말 소주연은 블랙 컨슈머인 것인가.

그나저나 어딜 가서 소주연을 찾을 것인가. 그리고 소주연을 찾지 못한다면, 어떻게 빵에서 벌레가 나온 것이 아님을 증명할 수 있을까.

현행범으로 체포하라!

현행범으로 체포하라!

"배고프고 힘들다."

양미수가 지친 표정으로 말하자, 권리아가 맞장구를 쳤다.

"나도. 이럴 때는 매콤한 걸 먹으면……."

"떡볶이가 먹고 싶다, 이거지?"

유정의가 권리아의 마음을 알아채고 묻자, 권리아가 웃으며 말했다.

"응, 어떻게 알았어?"

"왜 모르냐, 스트레스 받으면 떡볶이 찾는 거."

유정의는 권리아에 대해 아주 잘 알고 있다. 오랜 시간 친하게 지냈기 때문이다.

"그럼 거기로 갈까?"

양미수도 다 알고 있는 듯 말했다. 이범이 의아한 표정으로 물었다.

"거기? 거기가 어딘데?"

"'빨간 세상'이라고, 저희가 떡볶이 먹고 싶을 때 가는 곳이에요. 엄청 맛있어요."

권리아가 신나서 말하자, 유정의가 생각난 듯 말했다.

"맞다, 선배는 매운 거 별로 안 좋아하잖아요. 그리고 지하철 타고 다섯 정거장이나 가야 해요."

이범이 대답했다.

"한번 먹는 건데 뭐, 가자."

이범의 말에 권리아가 몸을 흔들며 좋아했다.

"야호, 신난다!"

권리아의 몸짓이 우스워 모두 웃음이 터졌다.

"하하."

아이들은 지하철을 타고 떡볶이집, 빨간 세상으로 갔다. 그런데 저녁 시간이라 그런지 사람들이 꽤 많았다. 아이들은 겨우 자리를 잡고 즉석 떡볶이와 튀김을 시켰다.

이범이 가게 안을 둘러보며 말했다.

"사람이 많네."

"유명한 데라니까요."

권리아의 말에 이범은 고개를 끄덕였다. 그러고 보니 옆 테이블 사람들이 먹고 있는 떡볶이가 꽤 맛있어 보였다.

그런데 그때, 유정의가 수저통에서 수저와 포크를 꺼내 각자의 앞에 놔 주었다. 그러고는 권리아의 옷을 힐끗 보더니, 벌떡 일어나 앞치마를 가져왔다.

"이거 해. 흰옷이잖아."

"오, 유정의!"

권리아가 놀라서 익살스러운 표정을 지으며 말하자, 유정의가 피식 웃었다. 순간 양미수는 유정의의 표정을 보고, 좀 이상한 느낌이 들었다. 권리아는 장난스러운 행동을 잘한다. 그럴 때면 유정의는 대부분 시큰둥하거나 유치하다는 표정을 짓는다. 그런데 지금은 얼굴이 살짝 붉어지며 쑥스러운 표정을 짓는 것이 아닌가.

'뭐지, 유정의?'

이제껏 유정의를 봐 왔지만, 이런 표정은 처음 보는 것 같았다. 그리고 다음 순간, 이범의 표정을 살폈는데, 웃고 있기는 하지만, 왠지 살짝 서운해하는 것 같았다. 유정의가 권리아를 챙겨 주는 모습을 보고 그런 것일까?

'나 왜 이래? 정신이 나갔나 봐.'

양미수는 생각을 지우려 머리를 좌우로 흔들었다. 이범이 권리아를 좋아한다는 것을 눈치챈 다음부터 생각이 자꾸 그런 방향으로 흐르기 때문이다. 사실 유정의는 겉으로는 툴툴

거리고 맨날 부정적인 말만 늘어놓지만, 매너가 좋아 챙겨 주는 것을 잘하는 스타일이다. 지금도 별것도 아닌데, 괜한 오해를 한 것이 분명하다.

그러는 사이, 직원이 떡볶이 냄비에 재료를 푸짐하게 담아 가지고 왔다. 그리고 휴대용 가스레인지 위에 올리고 불을 켰다. 곧이어 튀김도 나왔는데, 바삭하니 맛있어 보였다. 그런데 유정의가 냉큼 튀김 한 개를 집더니, 권리아의 접시에 놔 주는 것이 아닌가.

"먹어."

'엥? 리아를 먼저 준다고?'

양미수는 또다시 이상한 생각이 들었다. 오늘따라 유정의가 권리아를 유독 챙겨 주는 것은 확실하다. 권리아도 그렇게 느꼈는지, 의심스러운 표정을 지으며 물었다.

"왜 이래? 나한테 뭐 잘못했냐?"

뭔가 잘못을 했으니, 챙겨 준다고 생각하는 것이다. 그러자 유정의가 서운한 듯 말했다.

"챙겨 줘도 뭐라 하냐."

그러더니 이범과 양미수의 접시에도 튀김을 놔 주며 말했다.

"다 하나씩 주려고 했거든."

양미수는 왠지 따지고 싶었다.

"그럼 선배부터 드려야지."

이범이 선배이니 이범부터 줘야지, 왜 권리아부터 줬느냐는 것이다.

이범이 손사래를 치며 말했다.

"튀김 하나 가지고 선배는 무슨. 편할 대로 먹으면 되지."

그러자 유정의가 양미수에게 튀김을 하나 더 주며 말했다.

"자, 자. 우리 미수는 한 개 더 먹어~."

"성공! 이게 내 목표였지. 헤헤."

양미수가 장난스러운 표정으로 받아쳤다. 유정의가 어이없어 하며 말했다.

"그래, 많이 먹어라, 튀김 귀신!"

양미수는 튀김을 아주 좋아한다. 그래서 튀김을 먹을 때면 아이들은 양미수를 '튀김 귀신'이라고 부른다.

아이들은 화기애애한 분위기로 떡볶이와 튀김을 맛있게 먹었다. 하지만 양미수는 좀 전의 생각을 떨칠 수가 없었다.

'정의도 리아를 좋아하나?'

둘이 붙으면 맨날 싸워서 그런 생각을 한번도 하지 않았는데, 이게 가능한 일일까? 양미수는 처음으로 권리아와 유정의를 주의 깊게 살펴봤다. 그런데 둘이 계속 투덕거리면서도 즐

거워하는 것이 왠지 이전과는 분위기가 좀 달라 보였다. 양미수는 다시 이상한 생각이 들었다.

'혹시 리아도 정의를?'

이제까지는 항상 자신을 포함해 셋이라고 생각했기 때문에 느끼지 못했는데, 권리아와 유정의 사이가 평소와는 좀 달라 보이는 것이었다.

그런 생각을 하자, 양미수는 가슴이 덜컥 내려앉았다.

'진짜 그러면 어떡하지?'

이범이 권리아를 좋아하고 있으니 말이다. 그런데 이내 다른 마음이 들었다.

'그럼 나한테는 다행인 건가?'

복잡한 생각에 양미수는 머리가 터질 것 같았다. 그런데 바로 그때였다.

"사장, 나오라고 하세요!"

누군가 갑자기 소리를 빽 지르는 것이었다. 깜짝 놀라 쳐다보니, 한 아주머니가 직원에게 소리치고 있었다.

"사장, 나오라고 하라니까요."

그러자 가게 사장이 황급히 나오며 물었다.

"무슨 일이세요?"

아주머니가 접시를 사장의 얼굴에 갖다 대며 말했다.

"이것 보세요. 떡볶이에서 철 수세미가 나왔다고요."

떡볶이에서 설거지할 때 쓰는 철 수세미가 나왔다니! 아이들도 가게 손님들도 놀라 아주머니와 사장을 쳐다봤다. 사장이 접시에 담긴 것을 보더니, 손을 내저으며 부인했다.

"아유, 아닙니다. 저희는 이 수세미를 쓰지 않습니다."

그러나 아주머니는 계속 따지고 들었다.

"안 쓰는 수세미가 여기서 왜 나와요?"

"그러니까요. 그게 왜 여기서……."

사장이 이해할 수 없다는 표정으로 말하자, 아주머니가 기막혀하며 말했다.

"뭐야, 그럼 뭐 내가 넣기라도 했다는 말이에요!"

"아니, 그게 아니라……."

사장이 당황하며 말끝을 흐렸다. 그러자 사람들이 쑥덕거리기 시작했다.

"저거 먹다 목에 걸렸으면 큰일 날 뻔했네!"

"그러니까. 우리 거에도 있는 거 아냐?"

사람들이 동요하자, 아주머니가 더 큰 목소리로 화를 냈다.

"사람 먹는 식품인데, 이렇게 더럽게 해서 팔면 안 되죠!"

그런데 그 순간, 권리아는 번쩍 생각나는 장면이 있었다.

'빵에서 벌레가 나왔어요! 사람 먹는 식품인데, 이렇게 더럽

게 해서 팔면 안 되죠!'

맛빵에서 들었던 바로 그 말, 바로 그 목소리가 아닌가! 권리아는 놀라 아주머니를 살펴봤다. 그런데 정말 그 아주머니, 소주연이었다.

권리아가 얼른 속삭였다.

"소주연, 소주연 씨야!"

양미수는 선뜻 무슨 말인지 이해하지 못하고 물었다.

"뭐라고? 누가?"

권리아가 소리치고 있는 아주머니를 가리키며 말했다.

"저 아주머니, 소주연 씨라고."

그 소리를 듣고 유정의와 양미수는 얼른 뒤돌아 확인했다. 그런데 정말 소주연이 맞는 것이 아닌가. 유정의가 눈이 동그래져 말했다.

"정말이네!"

이범이 표정을 굳히며 물었다.

"확실해?"

"네, 맞아요."

권리아와 양미수, 유정의가 고개를 끄덕이자, 이범이 말했다.

"블랙 컨슈머가 확실하네."

소비자는 구입한 제품으로 인해 피해를 입으면 적절한 보상을 받을 권리가 있어.

「소비자 기본법」 제4조(소비자의 기본적 권리)
소비자는 다음 각 호의 기본적 권리를 가진다.
5. 물품 등의 사용으로 인하여 입은 피해에 대하여 신속·공정한 절차에 따라 적절한 보상을 받을 권리

그런데 이를 악용해 고의적, 상습적으로 악성 민원을 제기하는 사람들이 있는데, 이들을 '블랙 컨슈머'라고 해.

블랙 (black) 악성을 뜻함
컨슈머 (consumer) 소비자

구매한 물건을 사용한 후, 물건에 하자가 있다고 환불이나 교환을 요구하거나,

지퍼가 고장 난 걸 팔면 어떡해요! 환불해 주세요.

쓰다가 고장 난 것 같은데….

부당한 이익을 얻으려고 고의적으로 악성 민원을 제기하는 소비자

빵집에서 했던 것과 똑같은 수법으로 떡볶이집에서도 돈을 뜯어내려고 하고 있으니 말이다.

"어떡해요?"

양미수가 속삭이자, 권리아가 당연하다는 듯 말했다.

"어떡하긴. 잡아야지!"

하루 종일 동네 곳곳을 뒤졌지만, 소주연의 소재를 파악할 수 없었다. 그런데 여기서 딱 만나다니! 그것도 또다시 사기를 치려고 하는 현장을 목격하다니! 하늘이 내린 기회가 아니고 무엇이겠는가.

권리아, 양미수, 유정의가 이범을 쳐다봤다. 이범의 결정을 기다리는 것이다. 이범이 결심한 표정으로 말했다.

"좋아, 현행범으로 해 보자. 미수는 동영상 촬영하고, 정의는 경찰에 신고해. 나랑 리아가 시간을 끌어 볼게."

"네!"

아이들이 동시에 대답했다. 과연 아이들은 소주연을 현행범으로 체포할 수 있을까? 그래서 강수만의 억울함을 풀어 줄 수 있을까?

"떡볶이에서 철 수세미가 나왔어요?"

권리아가 소주연에게 접근하며 물었다. 사장과 실랑이하고 있는데 갑작스럽게 끼어들자, 소주연은 권리아를 위아래로 훑어보며 말했다.

"그래, 그런데 왜?"

딱 봐도 어려 보이는데, 끼어들지 말라는 뜻이다. 그때 이범이 접시를 들어 철 수세미 조각을 보며 말했다.

"꽤 큰데요. 모르고 삼켰다가는 큰일 날 뻔 했어요."

이범이 자신의 주장을 동의하는 것처럼 말하자, 소주연은 냉큼 자세를 바꿨다.

"그러니까. 그런데 딱 잡아떼며 아니라고 하잖아, 지금."

사장이 억울한 표정으로 말했다.

"우리 가게에서는 그 수세미를 안 쓴다니까요."

하지만 소주연은 계속 우겼다.

"이 수세미, 안 쓰는 집이 어딨어요? 식당에서는 다들 쓰던데."

냄비에 눌어붙은 음식물을 제거할 때 많이 쓰는 철 수세미라, 이 식당도 그걸 쓸 거라고 생각한 것이다.

'식당에서 쓰지 않는 철 수세미가 나왔다면, 따로 가져와 넣은 것이 아닐까?'

체포

체포는 범죄를 저지른 피의자를 잡아들이는 일이야.

체포(逮捕) 미칠 체, 잡을 포

피의자를 체포를 하려면, 검사가 관할 지방 법원에 체포 영장을 청구해서 발부받아야 해.

 **검찰(검사)** — 체포 영장 청구 / 체포 영장 발부 — **지방 법원(판사)**

영장 법원이나 법관이 강제 처분을 허가 또는 명령하는 서류

체포 영장을 발부받으려면 네 가지 요건 중 하나를 충족해야 되지.

체포 영장 발부 요건

① 범죄를 범하였다고 의심할 만한 상당한 이유
② 수사 기관의 출석 요구를 정당한 이유 없이 불응한 경우
③ 일정한 주거가 없는 경우
④ 도망 또는 도망할 염려가 있는 경우

범죄를 저지른 피의자를 잡아들이는 일

권리아는 이범이 말하는 사이, 소주연이 가져온 가방을 유심히 살폈다.

'저 안에 들어 있을 수도 있겠네.'

권리아는 어떻게든 가방 안을 뒤져봐야겠다고 생각했다. 경찰이 오더라도 명확한 증거가 있어야 현행범으로 체포할 수 있을 테니 말이다.

권리아는 소주연을 도발하기 시작했다.

"그런데 아주머니, 한번 뵌 적이 있는 것 같아요. 아, 얼마 전에 맛빵이라는 빵집에 오신 적 있죠?"

맛빵이라는 말에 소주연은 멈칫하더니, 이내 잡아뗐다.

"맛빵? 그게 어딘데?"

권리아가 일부러 약을 올리려고 말했다.

"빵에서 바퀴벌레가 나왔다고 가져오셨잖아요. 그때 막 화내고 소리 지르고 하셨었는데."

순간, 사람들이 웅성거리기 시작했다.

"사기꾼인가 봐."

"그럼 지금도 거짓말한 거야?"

소주연은 끝까지 인정하지 않았다.

"무슨 소리야! 난 그런 적 없거든. 사람 잘못 본 모양이네."

그런데 아까보다 목소리가 훨씬 작아졌다. 찔리는 것이다.

이범이 낮지만 단호한 목소리로 말했다.

"그걸로 협박해서 맛빵 사장님한테 보상금을 100만 원이나 받아 가셨잖아요."

소주연은 당황해 얼굴이 빨개졌다. 사람들이 소주연에게 손가락질을 했다.

"완전 상습범이네."

"법 무서운 줄 모르면 안 되지."

사장님이 상황을 깨닫고 버럭 화를 냈다.

"이 아주머니, 지금 나한테 돈 뜯어내려고 사기 친 거네!"

그러자 소주연은 아닌 척하려고 오히려 소리를 더 높여 화를 냈다.

"아니, 쪼그만 애들이 어디서 사람을 사기꾼 취급을 해!"

그러더니 권리아를 확 밀치고는 때리려는 듯 손을 번쩍 드는 것이 아닌가! 그런데 다음 순간이었다.

"아야!"

소주연이 갑자기 비명을 질렀다. 모두의 시선이 소주연에게 쏠렸는데, 이게 누군가! 양미수가 소주연이 든 팔을 순식간에 뒤로 꺾고 있는 것이었다. 양미수는 어렸을 때부터 태권도를 배우고 익힌 태권도 유단자다. 그래서 날렵하게 방어하고 공격하는 실력을 갖고 있다.

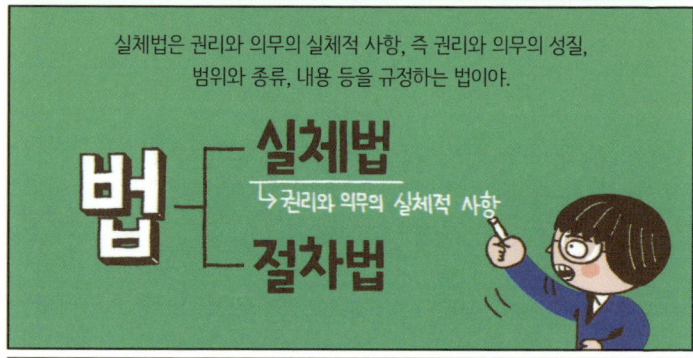

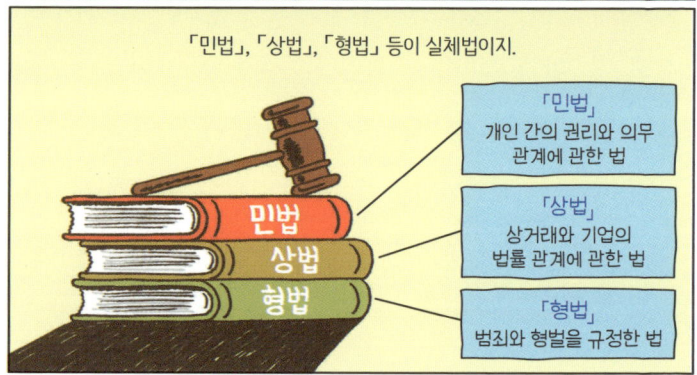

"아파! 놔, 놓으라고!"

양미수가 팔을 놓아 주자, 소주연이 화가 나 길길이 뛰었다.

"내가 너희들 다 경찰에 신고할 거야!"

그러면서 도망가려는 듯 의자에 놓여 있던 자신의 가방을 들자, 권리아가 재빨리 가방을 잡았다. 그런데 그때, 가방 안에서 비닐봉지 하나가 떨어지는 것이 아닌가. 그리고 봉지 안에는 철 수세미 조각이 가득 들어 있었다. 권리아가 의심한 대로 철 수세미 조각을 가져와 떡볶이에 넣은 것이었다.

소주연이 당황해 황급히 비닐봉지를 잡으려는데, 권리아가 더 빨리 봉지를 낚아챘다.

"철 수세미를 가지고 다니시네요."

권리아의 말에 소주연은 더 이상 할 말이 없었다. 증거가 있으니 무슨 말을 할 수 있겠는가. 소주연의 사기 행각이 모두 드러나자, 사장이 기막힌 표정으로 다그쳤다.

"이 아주머니, 진짜 사기꾼이네!"

사람들이 웅성거리자, 소주연은 안 되겠다 싶었는지 중얼거리며 나가려고 했다.

"재수가 없으려니까 정말……."

그때였다.

"경찰, 오셨습니다. 신고하시죠."

갑작스러운 소리에 돌아보니, 유정의가 문 앞에 서서 한 말이었다. 소주연이 아이들을 경찰에 신고하겠다고 소리친 것을 빗대어 한 말이다. 그리고 유정의의 뒤를 이어 경찰 두 명이 들어왔다.

경찰을 보자, 소주연이 깜짝 놀라 주저앉았다.

"엄마야!"

경찰이 사람들을 둘러보며 물었다.

"음식물에서 이물이 나왔다고 사기를 치는 분이 있다는 신고를 받았는데, 누구시죠?"

모두의 시선이 소주연에게 쏠렸다. 소주연은 겁이 나 덜덜 떨며 일어나지도 못했다. 경찰이 다가가 소주연을 가리키며 물었다.

"이분, 맞나요?"

이범이 대답했다.

"네, 떡볶이에서 철 수세미가 나왔다고 주장하셨는데, 사실은 이분이 직접 가져와서 넣은 것이었습니다."

"이분 가방에서 나온 증거물입니다."

권리아가 봉지에 든 철 수세미를 경찰에게 주며 말했다.

"이분들 말씀이 사실이에요? 인정합니까?"

경찰이 소주연에게 묻자, 소주연은 인정할 수밖에 없었다.

"네."

사기를 치다 현장에서, 그것도 모두가 보는 앞에서 붙잡혔으니 인정할 수밖에 없는 것이다. 소주연이 포기한 표정으로 일어나자, 경찰이 양쪽에서 소주연의 팔을 잡으며 말했다.

"그럼 현행범으로 체포합니다."

그리고 미란다 원칙을 고지했다.

"당신은 묵비권을 행사할 수 있으며 변호사를 선임할 권리가 있습니다. 당신이 한 말은 법정에서 불리하게 작용될 수 있습니다."

「헌법」 제12조 제5항에 '누구든지 체포 또는 구속의 이유와 변호인의 조력을 받을 권리가 있음을 고지받지 아니 하고는 체포 또는 구속을 당하지 아니 한다.'라고 규정되어 있기 때문이다.

소주연이 체포되어 경찰차를 타고 떠나자, 사장이 아이들에게 감사의 인사를 했다.

"사기꾼에게 당할 뻔했는데, 정말 고마워요."

이범이 사실을 밝혔다.

"사실 저희가 추적하고 있던 사람입니다. 우연히 만나게 되어 오히려 저희가 잘됐습니다."

그러자 손님 중 한 명이 아이들을 알아보고 물었다.

"어린이 변호사님들 아니에요? 뉴스에서 본 것 같은데."

어린이 변호사 양성 프로젝트가 시작되고, 아이들의 선발 과정과 로스쿨 교육 과정이 여러 번 뉴스에 나왔기 때문이다.

"아, 네. 맞습니다."

유정의가 말하자, 이번에는 유정의를 알아보았다.

"유스타다! 맞죠, 유스타님!"

"네, 맞습니다."

유정의가 빙긋 웃으며 대답했다. 스타는 스타인가 보다. 어딜 가나 알아보는 사람이 있으니 말이다. 여하튼 우여곡절 끝에 아이들은 소주연을 검거하는 데 성공했다. 아이들은 경찰서로 가면서 강수만에게 전화해 소식을 알렸다.

"그래요? 바로 경찰서로 가겠습니다."

강수만이 기뻐하며 말했다. 그리고 잠시 후, 경찰서에 강수만이 도착했다. 떡볶이집 사장님도 사건에 관해 진술하기 위해 경찰서로 왔다. 두 사람은 경찰에게 소주연의 사기 행각에 대해 자세히 진술했다.

그리고 경찰 조사 결과, 소주연이 음식물에서 이물이 나왔다고 거짓말을 하며 합의금을 뜯어낸 곳이 다섯 곳이나 된다는 사실이 밝혀졌다. 그러니 이제 소주연은 구속되어 수사받고 재판을 받게 될 것이다.

헌법

「헌법」은 여러 가지 법 중에서 가장 기본이 되는 법이자, 가장 높은 상위의 법이야.

「헌법」에는 우리나라의 주권과 영토 등 바탕에 관한 내용이 담겨 있고,

「헌법」 제1조
① 대한민국은 민주 공화국이다.
② 대한민국의 주권은 국민에게 있고, 모든 권력은 국민으로부터 나온다.

「헌법」 제3조
대한민국의 영토는 한반도와 그 부속 도서로 한다.

국민의 기본적인 권리와 의무를 보장하는 내용을 정해 놓았지.

국민의 권리: 자유권, 평등권, 참정권, 청구권, 사회권

국민의 의무: 납세의 의무, 국방의 의무, 교육의 의무, 근로의 의무

또 국가의 일을 누가, 어떻게 맡아서 할 것인지, 국가 운영에 관한 기본 사항이 명시되어 있어.

「헌법」 제40조
입법권은 국회에 속한다.

「헌법」 제66조
①대통령은 국가의 원수이며, 외국에 대하여 국가를 대표한다.

「헌법」 제101조
①사법권은 법관으로 구성된 법원에 속한다.

그래서 「헌법」은 모든 법의 위에 있어. 다른 법과 제도는 헌법을 바탕으로 만들어지지.

만약 「헌법」에 위배되는 법이 있다면, 헌법 재판소의 판결로 그 법을 무효로 할 수 있어.

가장 기본이 되는 법이자, 상위의 법

조선 시대의 경찰서는?

포도청이다.

경찰 조사가 어느 정도 마무리되자, 아이들은 그 사실을 동네 커뮤니티에 알렸다. 또 가게 입구에 알림판을 붙이고, 전단지를 만들어 동네 사람들에게 나누어 주었다. 지난번 양미수가 낸 아이디어를 그대로 실행한 것이다. 물론 잘못을 인정하는 대신 사기 행각에 억울하게 당한 것이라는 내용이었다.

덕분에 맛빵에는 다시 사람들이 오기 시작했다. 또 구청에 우수 판매 업소 지정을 취소해 달라고 민원을 넣었던 커뮤니티 회원들도 그 사실을 알고 민원을 취소했다.

"감사합니다. 다 변호사님들 덕분이에요."

강수만이 감사 인사를 하자, 한 대표가 물었다.

"그럼 단팥빵도 쭉 먹을 수 있게 된 거죠?"

강수만이 활짝 웃으며 대답했다.

"그럼요, 언제든 오세요. 변호사님들께는 무조건 30퍼센트 할인해 드리겠습니다."

"아유, 그러다 진짜 문 닫으실 수도 있어요. 한 대표님이 단팥빵 엄청 좋아하시거든요."

하 사무장의 너스레에 모두 웃음이 터졌다.

"하하."

**법무 법인 지음,
그곳엔 아주 특별한 변호사들이 있다!**

각종 사건 사고를 해결하며 진짜 변호사로 성장하는
변호사 어벤저스의 멋진 활약이 펼쳐진다.

어린이 법학 동화
변호사 어벤저스

① 명예 훼손죄, 진실을 말해 줘!
② 동물 보호법, 책임감을 가져라!
③ 아동 복지법, 위기의 아이를 구하라!
④ 형법, 진짜 범인을 찾아라!
⑤ 도로 교통법, 누가 가해자인가!
⑥ 학교 폭력, 억울한 누명을 벗겨라!
⑦ 식품 위생법, 양심을 지켜라!
⑧ 사이버 범죄, 숨은 범인을 찾아라!
⑨ 저작권법, 권리를 지켜라! (근간)
⑩ 청소년 보호법 (가제/근간)

글 고희정 ✤ 그림 최미란 ✤ 감수 신주영